Fritz Erich Anhelm
... ja, trotz der Kreuze ...
Reden zu Gott über die Welt
49 protestantische Prosagedichte

Bibliografische Information der Deutschen Nationalbibliothek: Die Deutsche Nationalbibliothek verzeichnet diese Publikation in der Deutschen Nationalbibliografie; detaillierte bibliografische Daten sind im Internet über dnb.dnb.de abrufbar.

Titelbild: Bronzereliefentwurf *Auf dem Weg nach Emmaus* von Siegfried Zimmermann. © Foto: Julia Plümer
Herstellung und Verlag: BoD – Books on Demand, Norderstedt

ISBN: 9783756819317

Fritz Erich Anhelm

... ja, trotz der Kreuze ...

Reden zu Gott über die Welt

49 protestantische Prosagedichte

Inhalt

(1) Reden zu dir

Zu dir reden, nur reden zu dir,
es ist Glauben.
Warum sollten wir denn beten,
bitten, klagen, schreien
und dich preisen, glaubten
wir es nicht, dass du uns hörst?

Im Angesicht gelingenden
und gequälten Lebens,
von Tod umgeben, mörderischem
und erlösendem auch.
Trotz tiefster Zweifel,
reden zu dir, es ist Glauben.

Wer sollte es denn tragen,
was doch niemand tragen kann?
Wer kann es denn ertragen?
Wer könnte dies denn tun?

Wer kommt für all das auf,
was uns aus den Händen fiel,
zerbrach in Scherben und
zerschlug im Guten wie im Bösen?

Wer hebt es aus verzweifelt
schuldverstrickter Existenz?
In lauten Wüsten großer Städte
und den leisen in uns selbst?

Wer denn küsst es wach,
das Glück des Augenblicks,
unverdient und unverhofft
im Gange des gewohnten Tags?

Das Lachen des Freundes, die
versöhnende Geste des Feinds.
Magst du auch schweigen.
Wir reden zu dir, Gott, zu dir.

Zu dem Unfassbaren, das
wir niemals fassen werden,
mit streichelnden Fingern nicht
und nicht mit würgender Hand.

Wie dich begreifen
in den angestrengten Köpfen?
Wir reden zu dir
und reden und reden zu dir.

Mit geschwätzigen Zungen
und mit zitternden Lippen,
vor verstelltem Horizont
in der selbst gemachten Enge.

Trauernd in vergeblichem Sein,
stolz in unbändigem Wollen.
Und wir hoffen, dass du hörst,
uns zuhörst auch im Schweigen.

Trotz, ja, trotz der Kreuze
auf der Welt reden wir zu dir,

beten, bitten, klagen, schreien,
loben dich um dieser
einen Hoffnung willen, einer
ungebeugten Hoffnung willen.

Die im Dornbusch brennt
und nicht vergeht im Feuer,
sich mitteilt als ein sanfter Hauch,
und trotz der Kreuze überlebt,
die uns dir nahe bringt im Lächeln
eines jeden kleinen Kinds.

(2) Klage

Wie soll ich dich nur nennen,
der du doch ohne Namen bist?

Herr?

Das geht zu schwer
mir über meine Lippen.
Es trägt zu viel in sich
von oben, von Allmacht,
die mit Dominanz sich schmückt.

Wüsste ich doch nur,
dass du der Richter bist,
der Macht bricht mit Gerechtigkeit,
Gewalt ein Ende macht,
ein Ende endlich.

Ich klagte vor dir an,
die das Brot der Hungernden versteigern,
das Wasser Dürstender vermarkten,
Landlose von den Äckern treiben.

Vor dir klagte ich sie an.

Die Zäune gegen Flüchtlinge errichten,
Wege, Pässe, Felder unsichtbar verminen,
Waffen liefern an meistbietend kalte Mörder,
mit Drohnen Missiles in bewohnte Häuser lenken,
in den Tod sich sprengen, um die anderen zu töten.

Vor dir klagte ich sie an.

Die Wasser, Land und Luft vergiften,
was du in Vielfalt schufst zerstören,
der Schöpfung ihre Würde nehmen,
um daraus Gewinn für sich zu schlagen.

Vor dir klagte ich sie an,
vor dem Allmächtigen, dem Richter,
dem Herren aller, die sich Herren nennen.

Bist du der Oberste, dem sie gehorchen,
der Schwächste, der ihr Tun erleidet,
der Mächtigste der Mächtigen,
der Richter, der die Macht verschenkt?

Wie nur rede ich dich an
von Angesicht zu Angesicht?
Ich, der es zulässt
mit gezähmter Wut und

aus enttäuschter Kraft,
die sich als Ohnmacht tarnt
und als gelassene Geduld.

Für meine Schwäche
klagte ich mich an vor dir.
Doch nur leises Reden,
es wird nicht gehört.
Es siegt das laute Wort.

Mein Gott, das letzte Wort
darf es nicht sein,
nicht das lauteste das letzte.
Du sagst einfach: Ich bin da.

(3) Selbsterleuchtung

Warum muss alles wie Las Vegas leuchten,
arrangiert im Überwältigungsdesign?
Die Welt, ein Hype von Stars und Stripes
und neureich arroganter Überheblichkeit.

Illuminiert vor drohend schwarzen Wolken
feiert sich Banales. Gangsterfarben flirren
angestrahlt die Triebe an den Masten.
Erleuchtung, die den Augen schmerzt.

Geltungssucht, gelasert in den Himmel,
riskantes Spiel anpreisend, das verführt,
unerhörte Wünsche in die grell gestylten,
sinnentleerten Kathedralen lockt.

Was sollte dich das kümmern?
Was hast du, Gott, damit zu schaffen?
Ich denke, die Verblendung, sie gilt dir,
verführt zur eitlen Selbsterleuchtung.

Sie opfert deine Gegenwart in allem,
was sich im Scheine dieses Hypes verirrt.
Sie opfert deine große, gute Schöpfung,
die ausgeleuchtet in der Gier vergeht.

Die Stecker ziehen, all die Stecker ziehen,
die nur Reklame über unsre Erde
treiben, auf Glitzerbühnen, wo die VIPs
der Welt aufwändig ihre Show verkaufen.

Oft wünsche ich, man könne dieses
Treiben freundlich stoppen. Doch sagt
man mir, es beschwört nur heile Welt.
Nach Eden herrsche Dschungelcamp.

War es nicht Scham, die uns verstörte,
als du uns riefst einst in dem Garten?
Wer nur gab der Schlange die Idee,
dass Weisheit durch Erleuchten wachse?

(4) Götter

Lass mich zu dir von Göttern reden.
Götter, Spiegelbild verzauberter Gewalt.
Bilder, denen trotz Verbotes wir verfallen.
Selbst gemachte Götter sind en vogue.

Der eine Gott hat wenig Konjunktur.
Kritik sieht in ihm Zwang, der durch
Besitz von Wahrheit nur Konflikte schürt.
In Vielzahl wähnt sie Götterdämmerung.

Der Markt symbolgetränkten Kapitals,
ein weites Feld für rege Konkurrenten.
Handlungsreisende für Heilsgeschehen,
Verkäufer dessen, was sie nicht besitzen.

Inflation des einen Gotts, besänftigt sie,
was uns zum Kampf um Wahrheit reizt?
Stiften selbstgeschnitzte Hausaltäre Frieden?
Welch ein Missverständnis deiner Größe.

Wem müsstest du allmächtig imponieren?
Du entziehst dich Priestern und Propheten,
und den Zauberern zumal, die ihre Rituale
gut dotiert und aufpoliert zu Markte tragen.

Doch wirkt Entzauberung als Gegengift?
Entwaffnet sie je die angemaßte Macht,
die Glaubenskrieger in die Schlacht
um ihre absolut gesetzte Wahrheit treibt?

Kein einziges profanes Heilsversprechen
hat den Menschen jemals gutgetan, zwingt
sie in Systeme, die den bösen Feind zur
eigenen Begründung konstruieren müssen.

Wo bist auf dem Markt für Wahrheit du
zu finden? Über allen Konkurrenzen?
Mitten drin? Einsam hingst du an dem Kreuz.
Die Täter wüssten nicht, was sie da tun.

Wissen sie es wirklich nicht, wo sie ihre
Macht an deine Stelle setzen. Hinter einer
Schau vorausgetragener Monstranzen
verbirgt sich die Lizenz zum Selbstbetrug.

(5) Verheizt

Werden Böden, metertief gefroren, tauen?
Wird Methan zum Himmel steigen,
freigelassen, weil die Erde sich erwärmt?
Wird das Eis der Pole in die Meere fließen?

Werden Inseln überflutet, Deiche unterspült,
während Wale stranden, Wälder sterben,
Herbststurm Dächer von den Häusern reißt,
Wüsten in die Felder wachsen und die Städte?

Was frage ich? Das ist längst im Gang.
Der schöne Garten, er wird schon zerstört.
Bald ist es zu spät. Die Schöpfung ruiniert.
Bewusst die gute große Schöpfung ruiniert.

Wir haben sie nach Brennbarem durchwühlt,
das in Geduld Gewachsene brutal verheizt,
verbrannt, was Menschen anvertraut,
es sorgend zu bewahren und bebauen.

Müssen wir die Welt zum Fiebern bringen?
Was ohne jede Rücksicht auf die Folgen
wir zum Himmel blasen, aus Auspuffrohren
und aus Schloten, es kommt auf uns zurück.

Fortschritt von nur wenigen Dekaden
wärmt die Erde auf, verdrängt, von Sucht
nach Macht und nach Profit getrieben,
was vernünftige Verantwortung gebietet.

Szenarien der Wissenschaft versagen
jenseits der Erwärmung um zwei Grad.
Rechnen mit Wahrscheinlichkeit, es trügt.
Die Erde schwitzt im Griff der Spekulanten.

Menschen fliehen vor dem Wasser und
vor Wüsten, Feuer, Hunger, Sturm und Krieg.
Sie haben nichts, sich aus der Not zu retten.
Die ohne Schuld sind, laufen um ihr Leben.

Wer seinen Vorteil noch fossil befeuert,
will es nicht begreifen. Ungerührt werden
Wohlstandslitaneien zelebriert an den
schwarz verrußten, schmutzigen Altären.

Das Fracking setzt der Gier die Spitze auf,
bricht tief in das Gestein, reißt mit Gewalt

die letzten Reste aus dem Schoß der Erde,
verseucht gezielt das Wasser bis zum Grund.

Es wächst das Wachstum der Zerstörung
weit schneller als der Mut zum Widerstand.
Es wächst, obwohl wir längst doch wissen,
wie solcher Wahnsinn noch zu stoppen ist.

Der Ruf nach Umkehr findet wenig Platz
in den vom Rauch vernebelten Interessen.
Grün angestrichen lügen Glanzbroschüren.
Vertrösten gilt nicht mehr, vertrösten nicht.

Wer sich weigert, Rücksicht zu gestalten,
baut Autobahnen in die Selbstzerstörung.
Wir können, könnten es doch ändern, wenn
wir es denn gemeinsam wirklich wollten.

Wir müssen diese Erde nicht verbrennen.
Wir haben Sonne, Wind im Überfluss.
Die Instrumente sind bereit und zeigen,
wie es anders geht und sehr viel besser.

Die Erde in der blauen Hülle schützen, sie
lebensdienlich Kindeskindern übergeben,
lass uns das gelingen, lass es uns gelingen,
um der bewohnten ganzen Erde willen.

Wenig Jahre bleiben, sagen die Experten,
das Wachsen der Zerstörung einzufangen.
Auf dem Pilgerweg, der so zur Einsicht führt,
da will ich dir gern fromme Lieder singen.

(6) Geheimnis

Was nur ist das Geheimnis
jener Weisheit und Erkenntnis,
die verborgen ist in Jesus Christus,
vor allem Wissen und Verstand?

Ich mühte mich, es Exegeten
deiner Offenbarung zu entreißen.
Imposant sind die Gebäude
der geschriebenen Gedanken.

Ich sah gebeugte Schultern, von
Wahrheitssuche müde Augen.
Gelesen habe ich, was zwischen
Zeilen sich verschämt versteckt.

Texte schichten sich auf Texte.
Mauern, die den Blick verstellen.
Quader von devoter Hermeneutik,
zementiert mit Intellekt und Fleiß.

Zweifel fand ich, kritisch wägend,
Kontext suchend zu den Texten,
und Wissenschaft, die mit Methode
an Offenbartes nicht mehr glaubt.

Es zählt von Glauben frei geglaubtes
Wissen, das Natur nutzbar zerlegt,
Wissen, was die Empirie beschwört
und verwirft, was gestern gültig schien.

Ich stieß auf Moden und Gefallen,
Zeitgeist von Vergänglichem bewegt.
Doch dein Geheimnis blieb verborgen
trotz hoch bemühter Konstruktionen.

Leicht haben es die Denker nicht. Du
wirst Mensch und bleibst doch Gott.
Verlassen stirbst du an dem Kreuz.
Vertröstest sind wir auf die Ewigkeit.

Der Menschen Sünden, sagen sie, die
trägst du auf schwachen Schultern,
die schon das Holz nach Golgatha
hinauf zu schleppen nicht vermochten.

Der Siegesfürst, ein Opferlamm?
Der Patriarch als liebender Genosse,
ohnmächtig leidend bis zum Tod,
und ihm doch unendlich überlegen.

Der Menschensohn vom Marterpfahl
in das Reich Gottes aufgehoben.
Zu überbieten ist das Paradoxe nicht.
Das, ja, es blieb mir nicht verborgen.

Wenn daraus dein Geheimnis lebt,
bleibt es das dunkle Wort im Spiegel.
Was denn kann ich erkennen wollen?
Wüsste ich es, fehlte mir der Glaube.

(7) All

Nicht mehr der Turm zu Babel
macht dir den Himmel streitig.
Die Astronauten fanden längst
mit Mühe ihren Weg zum Mond.

Ein großer Schritt der
Menschheit, sagte einer.
Wohin nur? Ging er auf dich zu?
Gefunden hätten sie dich nicht.
So sagte es ein zweiter.

Viel Hirn und Hand,
die da in Technik flossen,
doch welch ein enger, armer Geist.
Gefunden also haben sie dich nicht.
Doch sie sind noch am Ball
und treiben es voran.

Die Erdbahn, sie ist zugepflastert mit
Satelliten und mit Raumfahrtschrott.
Wetter, News und auch Verkehr,
wir sehen und wir hören mehr
als wir es verdauen können. Wir klären
sogar auf, was Waffenindustrien zu
unsrer Selbstvernichtung produzieren.

Da hast du keinen Platz.
Die Sache schafft schon in
sich selbst genug Probleme,
und fängt uns ein in viele

Datenbanken, auch gegen
unsern Willen gut vernetzt.

Was macht man mit dem Schrott
wenn er im Zweifel nicht verglüht?
Wer nutzt die Datenfluten wie,
zu wessen Nutzen und Verderben?

Vermessen sind wir,
navigiert, kartiert,
und senden Sonden zu
entfernteren Planeten,
richten ausgeklügelt Rohre
auf noch unbekannte Sterne,
suchen Leben, das wir doch
auf dieser Erde reichlich fänden.

Der Menschheitstraum, zu sein wie du,
die Sehnsucht, deinen Kosmos zu erfassen,
lässt viele Blüten in den Köpfen wachsen.

Erdenkinder, die mit kleinem Ball
die allergrößten Spiele spielen.
Du lächelst? Falls du lächeln solltest,
viel besser machte es die Sache nicht.

(8) Arm

Sag du es mir.
Warum sind wir so arm?

Die Frage richtete sich nicht an dich,
den Gott der Sehnsucht
nach Gerechtigkeit.
Sie ging an mich und traf mich hart
vor einer Bambushütte
und umringt von kleinen Kindern.

Gesprochen aus der tiefen Traurigkeit
der Hoffnung schon entwöhnter Augen.

In ihnen sah ich, was es heißt,
wenn Herren ihre Knechte schicken,
die mit vorgehaltenen Gewehren
das noch rauben,
was zum Überleben reichen sollte,
nicht nur die Frucht der Felder,
die der Gärten vor den Hütten auch.

Die Frage einer Mutter,
still auf Antwort wartend.
Was konnte ich ihr sagen?
Was wir beide wussten?

Wie denn eloquent
vom Hunger der Milliarde
Menschen reden,
die Strukturen der Gewalt,

in Ohnmacht ausgeliefert,
Mächtigen zum Opfer fallen.

Wie da das Elend auf
der Welt sezieren,
in begrifflicher Distanz?
Wie da beschreiben,
dass an Nahrungsmittelbörsen
die Logik der Verteilung
dem Profitinteresse folgt.

Worte standen wohl bereit.
Doch meine Lippen
konnten sie nicht formen.

So schwieg ich eine lange Zeit,
die wir uns in die Augen sahen,
die ihren traurig wie die meinen.

Ein fremder, stummer Gast
aus einem reichem, fernen Land,
der Auskunft geben soll, die
die sie doch zu Recht verdient.

Ich fand die Antwort nicht,
die trug, blieb sie ihr schuldig.
Sie nahm mich in den Arm,
nur kurz, und sagte dann:
Ich weiß, du bist ein Freund.

Die liebevoll gemeinte Geste,
erlöst hat sie mich nicht,
nicht getröstet, nicht erlöst.

Ein Freund der Sehnsucht nach
Gerechtigkeit, doch ohne Antwort für
die Augen, die nach Antwort schreien.

Als später ich im Flugzeug saß,
unter mir die grünen Wälder,
die Felder und der weiße Strand,
schoss er mir durch den Kopf,
der Satz: Ich bin entkommen.
Ich schäme mich dafür bis heute.

(9) Ausgewogen

Tausend Sonnenblumen leuchten
in der Landschaft dunkler Träume.
Freude über die in deiner Hand
so behutsam balancierte Welt.

Ausgewogen trotz verstörend
lauter Reize schneller Tage.
Heiles in den Splittern wirrer Zeit.
Nicht zu grell, sehr angenehm.

Nicht überwältigt werden, und
kein aufgeregtes Drängen, das
die Pupillen angestrengt verengt.
Entspannen statt Beherrschen.

Ich brauche keine Dogmen,
die mich glauben machen sollen.
Doch Worte, die erzählen vom
Erlebnis heilsamer Begegnung.

Frohe Botschaft, die befreit
aus Regeln und Gesetzen,
die die Lebensfreude hindern.

Frohe Botschaft, die aus
Fremden Freunde macht,
unerwartet, nicht vermutet.

Nicht aufgereihte Puppen
an Computertischen, geklonte
ferngesteuerte Kolonnen
auf verstopften Autobahnen.

Kein gestanztes Reden,
das aus Boxen spricht,
nicht Hände, die im Takt
der Bänder schrauben, nieten.

Nicht Hirne im Gefängnis
festgeschriebener Begriffe
und den asozialen Netzen
digital erzeugter Einsamkeit.

Nicht verwaltende Distanz
hinter Türen langer Flure.
Sie drückt der Freiheit einen
Stempel der Kontrolle auf die Haut.

Kein Pressen zarter Seelen an den
harten Stein. Kein Verdrängen
herzlich frohen Lachens, das
ein bedrücktes Schweigen stört.

Ich suche dich im weiten Raum,
der aus den Fesseln der Funktion
erlöst, und das kontrolliert Vernetzte
ungezwungen neu verwebt.

So stehe ich vor Sonnenblumenfeldern.
Der Blick sucht die Barmherzigkeit
über einem künstlich aufgereihten Gelb.

(10) Zeichen

Folge ich den Gleisen,
die die Todeszüge trugen,
bis dahin, wo das Zyklon B
durch Duschen strömte,
wo Millionen Leiber brannten,
Kinder, Mütter, Väter,
wo der Mord verwaltet wurde
von den Handlangern der
Macht, da finde ich sie heute,
die Stätten des Gedenkens.

Auschwitz, Dachau, Bergen-Belsen,
Buchenwald und all die andern, die
das Morden in Erinnerung bewahren.

Der tiefste Sündenfall in der
Geschichte. Ich sehe ihn
als Zeichen auf der Stirn
des zwanzigsten Jahrhunderts.

Wir wissen um die Schuld.
Und weil wir wissen, was geschah,
ist dies Gedenken nie genug
und Leugnen ein Verbrechen.

Doch läuft dies Leugnen
durch die Straßen naher Städte.
Von Trottoiren und Balkonen
und aus Fenstern tönt Applaus.

Vergiftet wieder wirre Köpfe von
völkisch aufgeschäumten Fantasien,
gesprüht auf Wände von Passagen,
gezielt vermarktet in dem Internet.

Die gebannt geglaubten Geister
schwenken neu Insignien aus Hass,
legen Feuer an die Flüchtlingsheime,
an die Moscheen und Synagogen.

Vandalismus schändet provokant
Denkmäler und Gräber. Gewalt
in U-Bahn-Schächten und auf Straßen
scheut nicht Terror und nicht Mord.

Die Saat der Angst geht auf.
Passanten wenden sich zur Seite,
verharren wie erstarrt, sind stumm.
Gelähmt die Zungen, Herzen, Köpfe.

Der böse Spuk vergiftet Medien,
reüssiert in freien Wahlen, reicht
bis in die Mitte der Gesellschaft und
unterwandert Reden und Gedanken.

Wer sich neuem braunen Wahn,
der strategisch sich in Szene setzt,
öffentlich entgegenstellt, braucht
den Mut zum klaren Widerspruch.

Betroffen stehe ich an Stätten des
Gedenkens, und ich frage mich:
Wo warst du, Gott, wo bist du heute
im Angesicht von Mörderbanden?

Reicht ein Glaube, deine Antwort,
sie sei klar? Reicht der Glaube,
du, das Opfer der Gewalt, leidest
mit den Opfern, immer wieder neu?

Der Gott, der Leben will und Liebe.
Die fromme Antwort reicht nicht hin,
bekehrt sie nicht die stumme Angst
zu dem Mut des festen Widerstands.

(11) Geist der Bombe

Wes Geistes war der Genius,
der an dieser Bombe baute,
die die Zerstörungskraft aus der
Spaltung des Atoms gewinnt?

Dieser Bombe, die gezündet,
mit Feuerwellen niederwalzt,
verbrennt, verstrahlt, vergiftet,
das Land verwüstet und verseucht
und unbewohnbar hinterlässt.

Hiroshima und Nagasaki,
eingebrannt ins Schwarzbuch
unsrer jüngeren Geschichte,
ausgedacht von Forschergeist,
ausgeführt von Menschenhand.

Der Geist der Bombe als Signal zum
Rüsten um die Wette des Verderbens,
ballistisch ausgependelt auf der
Umlaufbahn des Todes, versteckt
in Silos und in Unterwasserbooten.

Getestet bis zur Perfektion in den
Lagunen abgelegener Atolle und
unter heißem Sand der Wüste.
Sie teilte Welt in atomare Blöcke,
antagonistisch festgemauert und
präventiv mit Erstschlag drohend.

Containment, so hieß dieser Wahn.
Bis die Spirale dieses Wettlaufs
brach, an Hunderttausenden, die
durch Straßen und auf Plätze zogen,
und sich dem Geist verweigerten,
der in dem Kern der Bombe tickt.

Angekettet vor den Lagerstätten,
an die Zäune von Atomfabriken,
widerstanden sie dem Strahl der
Wasserwerfer und dem Tränengas,
und versperrten der verirrten Macht
den direkten Weg in das Verderben.

Sie trotzten der Verführung durch
die hoch gerüsteten Interessen,
verweigerten der Politik im Banne
dieser Bombe ihre Akzeptanz.
Der Glaube, der das Leben liebt
und die Gewalt verneint, gewann.

Vorerst. Denn die Gefahr, dass er
vom Spiel der Macht betrogen wird,
sie ist noch keineswegs gebannt.
Noch immer reichen atomare Waffen,
die ganze, eine Erde zu zerstören.
Verschrottet wurden Altbestände.

Und immer wieder folgen Potentaten
der Versuchung, ihre Macht durch
den Besitz der Bombe fest zu halten.
Noch immer und schon wieder teilt

sie unsre Welt in atomare Blöcke.
Diese Bombe ist politisches Kalkül.

Stets redet man von Sicherheit.
Doch gemeint ist Dominanz.
Die Drohung ist und bleibt akut.
Der Genius, der in der Bombe steckt,
wirkt weiter. Sein mentaler Kern,
wird er jemals und mit Ernst entschärft?

(12) Warum

So manches Mal, da
frage ich mich schon,
was ich so zu dir rede,
wo du doch alles weißt.

Das, was geworden ist
und was noch kommen
mag, und das, was nun
geschieht, gerade jetzt.

Warum nur rede ich zu dir,
der über Wassern schwebte,
und über wüster Erde, und
Ordnung aus dem Chaos
schaffte zum Beginn der Zeit?

Warum das wiederholen,
was dir nicht verborgen war
und ist und werden kann?

Warum?

Um deinen Blick zu lenken, auf
das, was so wichtig mir erscheint?
Sei es auch ohne Zweifel wichtig,
ich redete aus armem Glauben.

Glaube ich, das an dich los zu
werden, was mir den Tag verdirbt?
Das wäre Heuchelei, wenn es die
eigene Verantwortung vergisst.

Will ich den Chor verstärken,
der sein Leiden an der Welt zum
Himmel schreit? Ist das ein Glaube,
der auf frohe Botschaft traut?

Warum denn dann?

Der Orientierung wegen,
die ich sonst nicht finde,
nicht erkenne in der Logik
der Geschäfte, in deren
Alltag sich der Sinn verliert?

Das wäre viel.

Es ist noch mehr, das mich zum
Reden treibt, und mich zwingt,
zum unbekannten Gott zu beten.

Es sind Gedanken, die verstören,
und drohen, selber sich zu löschen,
bevor sie noch zu Worten finden.

Sie stehen vor mit Angst und
Schuld verstellten Türen. Sie
suchen einen Weg ins Freie.
Zu dir zu reden, macht sie frei.

Wenn nur das Reden Sprache
fände, die nicht gleich vergeht,
fortgeblasen in dem Windkanal
wohlfeiler Worte, die opportun
die leeren Formeln transportieren.

(13) Wachsen

Wer wollte es im Ernst bestreiten,
dass Wachsen das Prinzip in dieser
Schöpfung ist und sie am Leben hält.
Doch Sterben ist es gleichermaßen.

Was überreif zu Boden fällt, es treibt
in Vielfalt Früchte aus der Saat.
Wachstum, frühlingshaft und neu,
ganz ohne unser Zutun eingerichtet.

Das hat uns stets schon angespornt.
Wir haben dein Prinzip erforscht
soweit der Geist des Menschen reicht,
zu unserm Vorteil, Nutzen und Profit.

Wir pflügen, pflanzen, düngen und
begießen. Wir züchten, sammeln,
konstruieren und wir produzieren,
was diesem Wachsen hilft und uns.

Wir nutzen vielerlei Ressourcen,
die ohne uns Millionen Jahre wuchsen,
gut aufbewahrt im Bauch der Erde
als reiches Material zum guten Leben.

Wir entwickelten die Instrumente,
um den letzten Winkel zu erreichen,
und ans helle Tageslicht zu fördern,
was dem Fortschritt dienlich scheint.

Wir bemühen unsre besten Künste,
dein zu langsam wirkendes Prinzip
durch Beschleunigung zu optimieren.
Das nennen wir beherzt Ökonomie.

Und wir finden gute Argumente,
diese Art des Wachsens für das
Nonplusultra zu erklären, das über
Hunger siegt und Elend und den Tod.

Was wir mit Fleiß der Erde nehmen,
im Überfluss und ohne jedes Maß,
das veredeln wir noch für den Tausch
und verrechnen seinen Wert in Geld.

Zuerst im Kleinen. Dann ganz ohne
Scheu auch grenzenlos global. Für die,

die kaufen können und verkaufen,
ist das gut, sehr gut sogar für manche.

So treiben sie das Wachsen weiter
bis hoch hinauf in virtuelle Sphären,
befreien die Geschäftsmodelle aus
hinderlichen materiellen Zwängen.

Kredite wachsen und die Derivate.
Das schnelle Geld, es wuchs sich aus
zum allergrößten Markt der Märkte,
ergriff den runden ganzen Erdenball.

Trotz kalkuliert geglaubten Risikos,
getrieben von der Gier der Profiteure,
zerplatzte diese prall gefüllte Blase vor
dem zutiefst erschreckten Publikum.

Man glaubt, nun sei das Spiel vorbei.
Doch ist es keineswegs beendet. Wer
kann, zockt weiter, immer weiter mit
dem Heilsversprechen größten Glücks.

Die Manager der virtuellen Welt
des Geldes erkennen messerscharf,
dass auch der Weg ins Ungewisse
zu ihrem Vorteil sich verlängern lässt.

So wetten sie, meist rückversichert,
mit Lust noch auf den Niedergang
und verkaufen ihre giftigen Papiere,
seriös getarnt, wie immer mit Profit.

Der Homo oeconomicus frohlockt
weil größtes Glück der größten Zahl
durch stetes Wachsen den Profit
in vollen Taschen weniger vermehrt.

Vergessen ist die gute Schöpfung,
ihr im Nehmen wie im Geben gleich
gewichtig in Balance gehaltener,
doch verletzlicher Zusammenhang.

Der blinden Hybris setzte er mit
Rücksicht auf die Zukunft einst den
Rahmen. Den aber sprengen Märkte
des globalen und absurden Tauschs.

Die ungedeckte Hypothek wiegt schwer.
Virtuell erzeugtes Chaos drückt real.
Die Nachgeborenen sind ohne Chance,
die Last der Folgen jemals abzutragen.

Der Druck, er liegt auf ihren Schultern.
Des fragilen Gleichgewichts beraubt,
seufzt deine Kreatur und hofft noch
immer auf eine irdische Gerechtigkeit.

(14) Loben

Dich loben, Gott,
ist eine Lust,
die mir den Tag vergoldet.

Dich loben, das ist Aufbegehren
gegen die gesetzlichen Gedanken,
die mir die Welt verordnet.

Freiheit,
nicht verschenkt an die Usancen.
Atmen in den weiten Raum,
leicht auf Wolken tanzen.
Ja, auch das.
Marschieren hast du nicht verlangt.

Der Blick ins unverstellte Freie,
der Bedingungen nicht kennt,
nichts fordert, sondern alles gibt,
sogar im Glück der kleinen Geste.

Dich für des Lebens Fülle loben,
es befreit von Selbstschutzwällen,
die bis hoch zum Himmel reichen.

Beziehungen,
die schon zerbrachen,
leben wieder auf in dir.

Gäb es sie nicht,
Barmherzigkeit aus Gnade,
uns bliebe keine Wahl.

Gäb es die Liebe nicht,
die du verschenkst,
wie könnten wir uns
an den andern freuen.

Dafür dich loben,
es erlöst aus Fesseln
der Verbitterung.

Vergraben in den engen Grüften
von verdrängter Schuld, verliert
sich leicht der Mut zum Leben.
Dich loben dürfen, richtet auf.

Der im Vertrauen freie Blick,
er weiß davon, bewahrt zu sein.
Dafür dich loben, das ist Gottesdienst,
ist Glaube an die unverdiente Gnade und
an den Geist, der durch dich in uns ist.

(15) Angst

Durch die Straßen großer Megastädte
zieht ein schneidend scharfer Wind.
Abgelenkt von stählernen Fassaden,
stürmt er in die wunden Slums am Rand,
verletzt die, die im Schatten wohnen.

An breiten Fenstern perlt der Regen,
doch trommelt auf das Blech der Dächer,
wird eingesaugt vom Lehm der Hütten.

Schwül drückt Hitze, festgeschweißt wie
eine Glocke über nass verklebten Staub.

Hier flacher Atem, aufgeweichte Wege.
Dort Malls, Boutiquen, Banken, Türme
und Büros, klimatisiert in eingehegten
und sauber asphaltierten Einkaufszonen.
An den Türen wacht bezahlte Sicherheit.

Revolver beulen unter den Jacketts.
Draußen tobt der Kampf ums Überleben.
Die Sehnsucht brennt, zu sein wie wir,
das zu besitzen, was die Not zum Bessern
wendet und werbend von Regalen reizt.

Antwort auf die Frage weiß ich wohl.
Bringt endlich es doch selbst zurecht.
Nicht Trost vom Jenseits, das euch nicht
gehört, hebt die verdammte Armut auf.
Ihr habt doch alles, diese Not zu wenden.

Doch warum folgen wir Strukturen,
die verhindern, es zurecht zu bringen?
Wir wissen um das eigene Versagen.
Wir wissen es schon lange, viel zu lang.
Du sagst zu Recht: Es liegt an euch.

Überzeugt von Menschenrechten,
genießen wir, was Anderen wir
vorenthalten, verkünden Ziele fürs
Millennium, und lösen sie nicht ein.
Wir reden ernst, doch nicht wahrhaftig.

Wir spielen falsch. Hinter unsern
glatt geschliffenen Fassaden und
dem aufgehäuften Wohlstand lauert,
niemals eingestanden, verdeckt von
hohen Aktienbergen in Tresoren,
eine stets verdrängte nackte Angst.

Sie arrangiert sich mit den Händeln,
die das Unrecht weiter stützen, und
sie fühlt sich sicher. Bis der Wind
sich dreht und sich ein Sturm erhebt,
der Stahl und Marmor niederreißt,
und Berge auftürmt aus den Scherben.

(16) Quote

Deine Quote zählt weit oben. Ein
Klick auf Gott, er zeigt Millionen Treffer,
übertroffen noch von Jesus Superstar.

Filioque oder nicht, ihr seid weit vorn
dabei im Äther der gefühlten und
der digital designten Wirklichkeiten.

Da weht der Geist auch gegen euren
Willen zwischen Bits und Bytes.
Klug lenken Algorithmen die Affekte.

Die Prediger, präsent auf den Kanälen,
sie kennen euch genau. Sie wissen,
was euch frommt und ihre Fans beglückt.

Kein Zweifel auf verzückten Lippen.
Der Habitus der heilenden Gebärde,
er gibt sich aus als göttliches Erbarmen.

Bibelfest und mit Zitaten aufgerüstet,
hetzt die Beschwörung von Dämonen
verletzte Seelen per Stakkato in Ekstase.

Dem Sündenhorror folgt Verheißung
himmlischer Vergebung und das Hoffen
auf Erlösung durch vergoldeten Erfolg.

Von dem Event bedrängt, zwängt sich
die uniforme Menge gehorsam in
die Echokammern fangbereiter Netze.

Falsche Propheten treiben die verletzten
Seelen in die Maschen ihrer Zwecke,
plündern gnadenlos die wunde Psyche.

Häretiker an offiziell gepflegter Lehre?
Oft gab die Häresie ihr neue Würde.
Doch hier gerät sie nur zur üblen Farce.

Das Spiel mit Sünde und Verheißung
verkauft sich gut. Doch ist es böse.
Diesen Zungen glaub ich Gutes nicht.

Sie haschen nach der Quote und Applaus.
Soll ich darüber einfach schmunzeln?
Es geriete mir zur traurigen Grimasse.

Auch Ignoranz hilft keinen Augenblick.
Der Maskerade gilt der Widerspruch und
Scharlatanen, die verführen, der Protest.

(17) AKW

Tatort AKW. Viel kriminelle Energie.
Das Buch der Bücher, es schweigt nicht
zum Risiko der Pokerspiele, die Welt
und Zukunft sich zum Joker machen.

Da ist die alte Story von dem Turm,
den Menschen in den Himmel bauten.
Doch nun wohnt Hybris in dem Kern,
der Stäbe schmilzt und Hüllen bricht.

Gefahr, sie steigt nicht aus den Schloten,
aus denen weiß die Wolken quellen.
Gefährlich sind die Hasardeure, die den
schwarzen Fleck des Risikos ummanteln.

Sie kalkulieren mit dem Super-GAU.
Furcht ist wahr und Sicherheit verlogen.
Nichts wird entsorgt, und tausende von
Jahren vererbt an alle, die noch folgen.

Friedlich werde doch der Kern genutzt.
So liest es sich in Glanzbroschüren,
die ein grünes Paradies versprechen,
mit Sonnenstrahlen auf den Blättern.

Kein Zauberlehrling wollte es je stoppen,
war zur Umkehr gar bereit. Jüngst noch
hörte ich, bei jedem kleinen Störfall, da
müsse niemand alte Schlachten schlagen.

Mehr als fünfzig Jahre dauerte Protest
von Hunderttausenden, die Hand in Hand
dagegen hielten. In Menschenschlangen
zog er sich um Stacheldraht und Meiler.

Es brauchte Harrisburg und Tschernobyl
und endlich auch noch Fukushima, bis in
meinem Land die Mehrheit sich besann,
dies Risiko nicht weiter mehr zu tragen.

Nun gehe es um sanften Übergang,
erklärten freundlich uns die Hauptakteure.
Einst drohten sie, das Licht, es gehe aus.
Dann sprachen sie von untragbaren Kosten.

Wer noch beschwichtigt, will betrügen.
Nichts ist entsorgt, so weit wir denken
können. Das Risiko, es droht selbst dann,
wenn Meiler abgeschaltet sind und bleiben.

Triumpf beschert der Ausstieg nicht.
Er ist ein später Einstieg in die Folgen,
die Verwaltung dieses giftigen Gebräus,
das eingeschweißt im Castor strahlt.

Und unheilvoll grassiert weltweit die
Pandemie des Neubaus von Atomfabriken.

Tatort AKW. Das Übel wider praktische
Vernunft spielt auf Gelegenheit und Zeit.

(18) Machtpoker

Wenn ihre Macht in Frage steht,
sind Mächtige nicht zimperlich.
Gleich nach Eden, da erschlug der
Bruder seinen Bruder auf dem Feld.

Ein Bauer brachte einen Hirten um.
Aus purer Angst vor Machtverlust.
Das Muster blieb. In ihm zählt nur
Gewinnen bei dem Kampf um Macht.

Aus der Angst vor dem Verlust,
erschuf man sich den Gott als Götzen,
den man gnädig stimmen müsse.
Welch archaischer, fataler Glaube.

Dass Gott der größte Wechsler sei,
der gegen Opfer Macht verleiht,
das erwies sich als grandioser Trick
zum Nutzen übergroßer Herren.

Sie wähnten, sich mit seiner Gnade
zu besonnen. Geborgte Allmacht,
schmückte Macht von Herrschern,
damit die Untertanen gläubig folgten.

Hat dieser alte Götze ausgedient?
Die Herren sind sich selbst genug.

Sie gründen ihr Reiche direkt auf
puren Zwang und käufliche Gewalt.

Imperien bauen sie mit Söldnern.
Die Völker sind politisches Kalkül.
Doch ist es opportun, so werden
auch alte Opfermythen aktiviert.

Der Autokrat kennt keine Skrupel
und duldet keinen Widerspruch.
Dissidenten sperrt er weg, treibt die
Kritiker ins innere und äußere Exil.

Aufgeklärte Potentaten nutzen gar
den Dienst der Wissenschaft, soweit
sie die Behauptung stützt, der
Autokrat, er diene seinem Volke.

Macht sich das Volk zum Souverän,
delegiert es Macht nun an Vertreter,
gibt ihnen das Mandat, sie auszuüben
auf der Basis des verfassten Rechts.

So schien die Angst vor Machtverlust
gezähmt. Die Wahl auf Zeit enthält
die Chance, auch die Gewalten durch
den Wechsel friedlich aufzuteilen.

Doch Praxis, sie blieb stets gemischt.
Das Wahlprinzip, es trifft nicht überall
auf Akzeptanz. Und auch der Drang
zum Opfer blieb stets weiter virulent.

Ein neuer Götze wächst derzeit heran.
Er versteckt sich hinter Algorithmen.
Wer die Software hütet, der bestimmt,
was gelten soll und wem es nützt.

Ich aber traue auf den Widerspruch
zu angemaßter Macht, der in den
Opfern überlebt, trotzt aller Kreuze,
trotz Henkern in den Folterkammern.

Wie Mächtige auch immer wüten.
Ich glaube fest, du holst sie alle ein.
Die Opfer der Gewalt bezeugen
die Sünde Kains und seiner Erben.

Ja, deine menschliche Geschichte,
sie hält das Leid der Opfer wach.
Es spricht den Mächtigen das Recht
auf ihr absolut gesetztes Handeln ab.

(19) Demut

Freue dich an kleinen Dingen, sagt
die eingeübte Demut der Vernunft.
Bis zu den großen reicht er nicht,
der Horizont begrenzten Handelns.

Ich fürchte nur, die kleinen Freuden,
sie heben großes Leid nicht auf.
Da helfen keine Demutsgesten. Leid
wächst sich aus, wird es verdrängt.

Doch kann ich mit der unerlösten
Dialektik leben, die mich beutelt
zwischen Punkt und Kontrapunkt?
Die reine Logik hilft mir wenig.

Am Berg der Schuld, fällt uns der
Stein aus den verkrampften Händen.
Sie halten nicht, was da entgleitet
und wir doch zu begreifen glaubten.

Erschreckend sehen wir den Stein
seine Spur nach unten ziehen, mit
sich reißen, was gerade noch erfreute,
besänftigte, befriedete, versöhnte.

Richtiges, es wird zum Falschen.
Auch in Augen, die geschlossen
diese Unterscheidung aus dem Blick
verloren, da sie wenig Trost versprach.

Kein richtiges gibt es im falschen
Leben, sagt die Logik der Vernunft.
Ob Wirklichkeit sich daran hält?
Bewahrt sie nicht, was richtig ist?

Selbst böse Absicht mag das Gute
fördern. Doch durch Demut, die auf
kleine Freuden traut? Verfehlt das
nicht ein anspruchsvolles Evangelium?

Was nützt die Demut einem Glauben,
der Berge in der Welt versetzen soll,

und was der Tat, die doch trotz allem,
in einem Leben Welt verbessern will?

Der Demut, die sich nur bescheidet,
wie soll bessres Leben ihr gelingen?
Was wiegt, was selbst sich klein
macht, gegen wirklich großes Leid?

Ich will nicht in die Demut flüchten.
Auch Sisyphus mag ich nicht lieben
lernen. Doch das Paradoxe fragt mich:
Wie lebst du dann mit deiner Schuld?

(20) Das Wort

Im Anfang, sagt man, war das
Wort. Ich will das nicht bezweifeln.
Das fiele mir bestimmt nicht ein.

Das Wort, in dem die Liebe sich
verkörpert, in uns und unter uns.
So möchte ich es gern verstehen.

Das Wort, es spricht das Leben zu.
Die Antwort, sie hat viele Sprachen,
im Einklang und als Widerspruch.

Das Wort belebt die Dinge mit
Ideen. Wehe uns, es würde stumm.
Wir könnten nichts begreifen.

Das wortlos Faktische ist kalt.
Ein Wort erwärmt es mit Bedeutung.
Die erlaubt, zu glauben und zu denken.

Doch sind wir wirklich frei,
wo eingesperrt in Konventionen
wir dem Gang der Rituale folgen?

Sie hindern jenen Geist, der fragt,
den Geist, der keine Ruhe gibt,
bevor er Grund und Antwort findet.

Das Wort, es war bei dir, von uns
aus Zeichen mühsam zu entziffern.
Der große Plan, er ist nur Gleichnis.

Das sperrt sich Talk und Eitelkeiten,
verwehrt sich käuflich flachem Sinn.
Doch was kann gelten, wenn wir reden?

Was gültig ist und bleibt und wird,
so heißt es, liege ganz allein bei dir.
Dies hinzunehmen, ist beschwerlich.

Wir fühlen uns wie Atlas, der den
Himmel auf den Schultern trägt.
Handlungszwänge treiben uns voran.

Sind wir wahrhaftig Freigelassene
der Schöpfung, frei im Denken,
Handeln und Vernunft zum Leben?

Diese Freiheit gilt uns viel, doch
wird oft anderen zum Schaden. Den
zu vermeiden, sind wir kaum geübt.

So werden Worte Spielball
von Interessen. Ich glaube, nur
die Freiheit, andere zu lieben,
sie kommt dem Sinn des Wortes
vom Anfang bis zum Ende nah.

(21) Es ist gut

Auf Bergen zu wandern
mit leichtem Gepäck,
weckt Ahnung lange
nicht gespürter Freiheit.

Blumen grüßen bunt
am Rand des Weges.
Serpentinen schwingen
sich vom Tal zum Gipfel.

Wiesen, ein gedeckter
Tisch für alle, die da kommen
und für alle, die da gehen.

Keine Ersten mehr, und
nicht mehr Letzte.
Keine Hecken, keine Zäune.

Flüstern in den Blättern.
Spiel des zarten Winds.
Sonne teilt die Welt
in Licht und Schatten.
Sie scherzen miteinander.

Der Blick hebt sich zum
Himmel. Ein großer Vogel,
ohne Flügelschlag
getragen, eine lange Zeit.

Federnd trifft der Fuß
auf Grund. Schmetterlinge
taumeln wie im Glück.
Sie verfehlen nie ihr Ziel. Von
Blüte lockt es sie zu Blüte.

Über flachen Tümpeln
schwirren die Libellen.
Sie balancieren sicher
ihren schmalen Leib.

Im Grase folgt der Käfer
wie vorgezeichnet einer
Spur, als wüsste er vom
Ziel am Ende seines Wegs.

Alles scheint mit sich im
Reinen, sieht und fühlt und
schmeckt und riecht und
hört im Einklang mit dem
leisen Ton der Schöpfung,
der dies Leben sich verdankt.

Fünf Sinne im Vertrauen
auf den einen, letzten Sinn.
Du siehst es an und sagst uns:
Es ist gut, es ist sehr gut.

(22) *Krieg*

Krieg verdirbt den Glauben.
Mögen Gläubige sich schützen
hinter Mauern ihrer Tempel,
abgeschieden in den Klöstern,
Friedenszeichen an die Wände
von den Katakomben malen.

Draußen wird der Glaube doch
verführt, ist er den Mächtigen
von Nutzen. Gepflanzt in Herzen
und in Köpfe, soll er den Kampf
befeuern, Berge zu versetzen für
die Herrscher und Beherrschten.

Hass, Wut, Vorteil und Rache
schmieden Glaube an Gehorsam
fest, schneiden Krater in das Land,
feiern dich auf Koppelschlössern.
Frech getauft auf deinen Namen
setzt sich Gewalt an deinen Platz.

Psalmen, die den Gott des Sieges
preisen, sind mir leid. Ich spreche
sie nicht mit. Scheußlich ist Gewalt,

die als gottgewollt erklärte, die
Menschen gegen Menschen treibt,
und das mit ihrer Macht erzwingt.

Sich im Stillen zu verweigern,
verhindert keine Massengräber.
Kann die Liebe Glaubenskriegern
Schranken zeigen? Wird dieses
Zeugnis, das dem Missbrauch deines
Namens wehrt, öffentlich geehrt?

Krieg soll nicht sein nach deinem
Willen. Er ist gegen deinen Geist.
Dem möchte ich gehorsam sein.
Das ist die Konsequenz des Kreuzes.
Wie sonst könnten wir es zeigen,
dass die Liebe Frieden schenkt?

Kann sich Handeln darauf gründen,
Krieg als Zweck und Mittel meiden?
Lässt sich Politik gestalten, die
Frieden, gar Versöhnung schafft?
Daran will ich trotzig glauben und
lasse mich als Gutmensch schelten.

Naiv ist es, mit Macht von Waffen
gerechten Frieden zu erzwingen,
Ihn korrumpieren Leid und Tod.
Nur wo die Würde überlebt, wird
Versöhnen auch zur Chance. Ein
frommer Wunsch? Ich glaube nicht.

Naiv ist es, auf Bombenkratern
Bögen des Triumphes, Siegessäulen
zu errichten und Alleen anzupflanzen,
Symbole für die Macht und Schuld.
Ich will den Glauben so bezeugen,
dass er den Krieg als Mittel ächtet.

(23) Freizügigkeit

Freizügigkeit, ein hehres Wort,
was uns Menschen viel verspricht.
Es verkommt an jenen Grenzen,
die von Starken aufgerichtet vor
der Not der Schwachen schützen.

Für alle, die durch Armut, Hunger,
vor Gewalt und Krieg, Zerstörung
der Natur, vor Dürre, Überflutung
um ihr Leben flüchten, löst sich das
Versprechen leider allzu selten ein.

Eingepfercht in übervolle Boote,
auf Schlepper angewiesen und
ausgesetzt dem Sturm und Wellen,
ertrinken sie noch vor dem nahen
Ufer, das ihr Leben retten sollte.

Wo sie überlebend stranden, da
warten Internieren, Rücktransport
zu Orten, die gerade sie verließen.
Regime werden honoriert, sie mit
Draht und Mauern fern zu halten.

Freizügigkeit, nicht vorgesehen.
Wegen Farbe und des Glaubens?
Das sei politisch nicht korrekt.
Einwandern in Sozialsysteme,
so wird die Exklusion begründet.

Illegalen wird die Arbeit untersagt.
Hoffnung, die nach Leben suchte,
ertrinkt im Meer der Vorbehalte.
Das eigne Privileg zu sichern, andre
in Distanz zu halten, das ist Zweck.

Doch was ist Eigenes im Angesicht
der Überlebensnot von andern?
Sich dagegen schützen, wer kann
es vertreten, vor eigenem Gewissen
und in Verantwortung vor dir?

Traurig ging der reiche Jüngling
fort, klug, gebildet und gesetzestreu.
Die Samariterin, die in der Wüste
du nach Wasser fragtest, sie gab dir
einen Becher, vollgefüllt zum Rand.

Die Jünger, die dich mit ihr reden
sahen, sie verstanden nichts.
Die Ausgeschlossene, mit der das
Volk nicht in Gemeinschaft leben
wollte, sie hatte dich verstanden.

Dieses Wunder lebt in allen, die
Willkommen sagen, nicht fragen

nach Papieren, sich kümmern,
Türen öffnen, raten und begleiten,
den Alltag mit dem Fremden teilen.

Für Essen, Trinken, Kleider sorgen,
Wohnung suchen, Schutzlosen Asyl
in Kirchen geben. Nicht Aussortieren
gilt, nicht Schengen, Dublin, Farbe,
Bildung, Glaube. Dieses Wunder lebt.

Das Wunder wirkt trotz aller, die
auf Ängsten Feuer schüren. Es lebt
trotz des politischen Taktierens, trotz
Gewalt, die Chaos provoziert, um
den Ruf nach Sicherheit zu stimulieren.

Freizügigkeit für die, die Hilfe suchen.
Nicht Zäune, Mauern, Grenzen halten
diese Sehnsucht nach dem Leben auf.
Ein Wunder des Willkommens, es gibt
der Hoffnung auf die Zukunft Grund.

(24) Schweigen

Ich schwieg, als ich am Tische saß,
gefangen in der Schuld der Väter,
aufgewühlt von Mord und Trauer.
Ich spürte da sehr gegenwärtig,
was nie vergessen werden darf.

Sehr leise sprach sie und erzählte,
wie sie als junge Frau, die einzige

aus der Familie, die das Todeslager
überlebte, nach dem Morden und
dem Kriege, in ihrem Heimatland
ein selbstbestimmtes Leben fand.

Es war ihr Tisch, um den wir saßen.
Wir waren ihre Gäste, und zutiefst
von dieser Gastfreundschaft berührt.
Nach einer stillen Pause redete
sie weiter mit fester, klarer Stimme.

Nun sprach sie von ihrem Sohn,
der im Ehrenkleide der Armee
mit der Waffe in der Hand das
gelobte Land verteidige, um
den hohen Preis des frühen Tods.

Betroffen schwieg ich, war verstört,
doch ahnte den Zusammenhang.
Sie fasste knapp ihn in die Worte:
Nie wieder werden wir die Opfer sein.

Ich schwieg. Da war ich zwanzig,
wie ihr Sohn. Zwanzig Jahre nach
dem Morden in den Todeslagern.
Ich schwieg noch fünf Dekaden lang.

Ich schwieg, doch will nicht länger
schweigen, darf nicht schweigen.
Ich muss endlich sagen können:
Mein Schweigen aus Betroffenheit,
es schweigt nun über andres Leid.

Es muss widersprochen werden,
wenn Millionen Menschen, ohne
Schutz, gar Aussicht auf ein selbst
bestimmtes Leben, im Gazastreifen
und Westjordanland und verstreut
in Flüchtlingslagern, ihrem Elend
und dem Terror überlassen sind.

Vertrieben und enteignet, das Land
besetzt und annektiert und durch
Zersiedelung zerstückelt, zerteilt
von hohen Mauern und von Zäunen,
die die Gewalt verhindern sollen,
und die Verständigung verstellen.

Muss dem verletzten Recht des
Andern nicht die Pflicht entsprechen,
seinem Recht gerecht zu werden?

Wie kann Versöhnen da gelingen,
wo beide Seiten Gottesrecht anrufen
und die stärkere die Fakten setzt?
Das Leid, der Hass vererben sich
auf Kind und auf die Kindeskinder.
Da öffnet sich kein Weg ins Freie.

Mir kommt der Kreidekreis oft
in den Sinn, ein Kind, im Streit
der Mütter fast zerrissen, hätte nicht
ein kluger, weiser Richter auf die
Kraft der Mutterliebe fest vertraut,
sie durch Barmherzigkeit belohnt.

Warum darf die Barmherzigkeit
nicht zu geteilter Mutterliebe führen?
Wo ist ein Richter, der vermag,
eine solche Einsicht zu erwecken?

Es ist ein Gedanke gegen jede
Wirklichkeit. Er setzt sich in mir
fest, unbedacht und unbeholfen.
Darf ich ihn unbefangen äußern,
gar mit Barmherzigkeit verknüpfen,
trotz allem, was reale Politik mich lehrt?

Ja, ich will nicht länger schweigen.
Doch ich rede mit der Schuld, die
auf meinem Lande liegt, als Last von
niemals abgegoltenen Verbrechen.
Sie wach zu halten, Widerstand, wird
sie verschwiegen, es ist meine Pflicht.

(25) Waffenexport

Mein Land behauptet sich weit
vorn im Ranking des Exports
von Kriegsgerät und Waffen.

Wir liefern nicht, so hieß es einst,
wo Krisen es vor Ort verbieten.
Heute ist auch das schon gestern.

Vernunft verliert sich leicht im
Gleichgewicht des Schreckens.
Einer hält den Anderen in Schach.

Und rüstet einer auf, so zieht der
Andere ihm nach. Das schafft
genug Profit für Waffenschmieden.

Für das U-Boot bürgt der Staat,
und Panzer, die in Häuser schießen
und Straßen unpassierbar machen.

Felder sind vermint und unbestellt,
Warlords, die den Vorteil aus der
Not des Krieges ziehen, gut versorgt.

Waffen, die doch Frieden schaffen?
Sarkasmus sei nicht angebracht.
So höre ich aus höheren Etagen.

Doch was ist angebracht, wo Politik
und Waffenschmieden sich verbünden?
Nur das, was Einverständnis stört.

Wie soll ich auf die Logik reagieren,
die mit der Lieferung von Waffen
an die Möglichkeit von Frieden glaubt?

Die Kriege präventiv verhindern will
durch Tötungsinstrumente, und mir das
realpolitisch dann zur Norm erklärt?

Schwäche lade ein zur Überwältigung.
Was aber wiegt das Leid, das
der Gebrauch der Waffen provoziert?

Wer auf Export von Waffen setzt,
kann gerechten Frieden nicht befördern.
Du willst sogar noch Feindesliebe.

So zu denken, es scheint nicht plausibel.
Es ist riskant und macht verletzlich.
Die Option erscheint gefährlich falsch.

Der Verletzlichkeit sich auszusetzen,
das ist schwerer, als die Waffenindustrie
zu finanzieren und für sie zu bürgen.

Doch wer auf die Feindesliebe traut,
darf Verletzlichkeit nicht scheuen.
Das also mutest du uns Menschen zu.

Es gehört zum Kern des Glaubens.
Ach, wie weit sind davon wir entfernt!
Schon geschieht der nächste Überfall.

(26) *Der Augenblick*

Ereignet es sich unerwartet, in den
Gebärden, Gesten und Gesprächen,
bleibt es nicht unbemerkt vom Andern
in den Augenblicken des Erkennens.

Wahrhaftiges durchbricht die Wand,
die die Welt mit Rollenspiel verstellt.
Zuwendung, sie kehrt Schmerz in Freude,
spürbar nur im flüchtigen Moment.

Der Bogen wacher Vorsicht ist entspannt.
Kein Pfeil will in sein Ziel, kein Wort
sucht einen Vorteil, den es klug verbirgt.
Der Vorhang vor dem Heiligsten zerreißt.

Statt der Konstrukte Wirkliches direkt.
Zärtlich wird ein letzter Grund berührt.
Plötzlich aufgedeckter Sinn, lange schon
vermisster Sinn erfüllt sich im Kairos.

Der Mensch vor Gott, von Angesicht zu
Angesicht. Im Moment erlebten Glaubens.
Nichts wähnt sich auserwählt, besonders,
nichts ist künstlich und bemüht erdacht.

Geübtes Zelebrieren aus Berechnung
hebt sich auf. Angst verliert sich ganz.
Glaube, Liebe, Hoffnung aus geschenkter
Gnade, offenbar und unverdient und frei.

Gnade?

Auch so ein Herrenwort von oben,
Habitus des Gottes, den wir uns als
einen zugewandten König denken.
Der Vorbehalt drängt sich nach vorn.

Gibt es Gnade ohne Dominanz?
In Momenten der geschenkten Liebe?
Grundlos und von Furcht befreit,
ohne den Geschmack von Hierarchie?

Was macht das Wort, die Geste wahr?
Noch lange denke ich darüber nach
und merke schmerzlich und betrübt:
Der schöne Augenblick, er ist vorbei.

(27) Fortschritt

Wie wohl stufen Rating Agenturen
den guten Patriarchen Josef ein?
Ich schätze Triple A. Das Korn der
reichen Jahre für die armen. Das
bürgt für Zukunft und für Sicherheit.
Geborgte Sicherheit in unsren Zeiten.

Jedes Jahr soll gut sein für Rendite.
Das nächste besser noch als das zuvor.
Sei es auch ungedeckt, auf Pump.
Erwartung macht die Konjunktur.
Zukunft rechnet sich wahrscheinlich
in digital codierter Zahlenspielerei.

Der Josef, heißt es, hatte einen Traum.
Er war realer als vergiftete Papiere.
Sie stimulieren den Profit, beflügeln
ungezähmt die Gier nach Provision.
Unsichtbar lenkt dies die Politik.
Sie aber hat es besser nicht verdient.

Sie häufte Schuld auf Schulden.
Spekulanten, Analysten drohen
ihr mit der erpressten Macht und

ohne Wimpernzucken mit Bankrott.
Betrug steckt mitten im System.
Und kollabiert es, so fällt alles mit.

Diabolisch eingespannt, bestaunt
verwundert das verstörte Publikum,
wie sich Spiralen drehen, sich in
das abstrus Imaginäre schrauben.
Lemminge sind auf dem Marsch.
Stoppen sie vorm nächsten Crash?

Verhalten twittert Widerstand aus
Zelten vor den Wolkenkratzern
der zum Himmel aufgetürmten Kurse.
Anleger reiben resigniert die Augen.
Experten talken munter vor sich hin,
erklären unsre Welt als hoch komplex.

Ach, lieber Gott,
der Fortschritt, er ist bitter,
seit Josef das Termingeschäft erfand.

(28) Am Teiche

Am Teiche sitzen. Wasser, sanft
geteilt, wo Enten schwimmen.
Eine kleine Insel in der Mitte
und Weidenbüsche an dem Rand.

Im großen Kreis die alten Bäume.
Mit breiten Zweigen schützen sie

ihr Spiegelbild und eine Ruhe, die
Gedanken freundlich in sich hält.

Weiße Blüten auf den Blättern
ausgedehnter Wasserrosenfelder,
grüne, runde, flache Teller. Sie
besänftigen die aufgeregten Augen.

Ein Platz zum Beten für die Welt?
Entrückt scheint sie von der Idylle,
weit ausgelagert, weit entfernt.
Doch fromme Ruhe gibt sie nicht.

Vergangenes plagt die Erinnerung,
schiebt ungefragt sich in Gedanken.
Was gehört, gefühlt, gesehen wurde,
nichts davon ist nichtig und verging.

Nur lärmt es nicht an diesem Ort,
klingt sehr gedämpft, schreit nicht,
begehrt nicht auf für den Moment,
der das Herz behutsam sich wiegt.

Von liebender Geduld umfasst,
in scheinbar Leichteres gehoben,
spüre ich, wie Raum und Zeit
mich mit ihrem Sinn beschenken.

Die Äste fallen nicht vom Baum,
Weiden kämpfen nicht im Wind,
sind bewegt nur eine kleine Weile.
An das Ufer schlagen keine Wellen.

Schmale Dämme brechen nicht.
Die schlanken Stämme spiegeln
ihre Kronen in dem flachen Wasser,
was so unendlich tief erscheint.

Sie saugen es nach oben in die
Wolken, von den Augen unbemerkt.
Ich stehe langsam auf, und gehe in
die Welt des Widerspruchs zurück.

(29) Gespenster

Die Drohgespenster dieser Zeit,
sie teilen auf in Ethnien und in
Glauben, ziehen Grenzen auf der
Erde, scheiden Zugehörigkeiten
und schreiben Andern Anderssein
mit grellen Farben ins Gesicht.

Muslime, sie bedrohen Christen,
die Christen den Islam. Punktum.
Als existiere beides nur im Singular.
Ein Rückschritt in die Religion, er
hindere den Fortschritt der Moderne,
greife ihr an ihren hohen Kragen.

Die Gottesferne säkularer Politik,
sie zerstöre eingeübte Gottesnähe.
Das Feindbild ist perfekt designt.
Es bohrt sich tief in das Gefühlte
und duldet keine abgestuften Töne.
Sie könnten das Gespenst entlarven.

Das hofiert den üblen Potentaten,
bringt die Wut, den Hass in Stellung,
zündelt an den explosiven Fronten,
in die der koloniale Geist die Völker
zwang, schreibt global der Politik
Kampf der Kulturen ins Programm.

So rieben wir verdutzt die Augen,
als Völker ihre Herrscher stürzten
und junge Menschen selbstbewusst
den öffentlichen Raum besetzten,
mit einer nicht geahnten Kraft nach
der Würde und nach Freiheit riefen.

Teilung in religiöse Farben, sie
zählte nicht für die Millionen, die
mit Hoffnung in den Augen auf
Plätzen und auf Straßen Mächtigen
entgegentraten. Kein Gespenst
von Glaubenskriegern schürte Hass.

Nun werden sie wie wir, so jubelten
schon gut gemeinte Kommentare.
Als die Wahlen ihr Ergebnis zeigten,
stand das Menetekel an der Wand.
Ab nun galt die Parole: Freiheit ja.
Doch kein Durchmarsch des Islam.

Was wohl erwarteten die klugen
Analysten? Dass Religionskultur,
die mehr als tausend Jahre prägte,
über Nacht ins Nichts verschwände

und lang gekränkter Stolz die Macht
verschmäht, wenn sie ihm winkt?

Spät stand ich auf dem Tahrirplatz.
Er war besetzt von Salafisten. An
den Rand gedrängt hing noch ein
Banner mit dem Spruch: Der weiße
Stier der Rebellion, er ist geschlachtet
und im Kalkül der Macht verspeist.

Ich dachte an den Dialog, der lange
schon Muslime, Christen und die
Säkularen mühsam hoffend langsam
aufeinander zu bewegte, der durch
Verstehen Wege öffnen sollte zu
mehr Verständnis und Vertrauen.

Es gab Sätze, die gelangen, weil
das politische Kalkül nicht in die
erste Reihe drängte. Da dachte ich,
es möge dir gefallen, wenn Politik
und Glaube sich begegnen und im
Dialog dem Frieden dienlich sind.

Dann dachte ich an dunkle Wege
des Abendlandes zur Moderne, an
blutiges Verirren in mörderisch
zerstörerische Glaubenskriege. Was
heut sich leiser christlich nennt,
es trägt schwer an der Geschichte.

Auch an den Gulag dachte ich, die
Perversion der säkularen Religion,

getarnt als Diktatur des Proletariats.
Und an faschistische Verbrechen,
gespenstisch völkische Konstrukte,
Begründungen für Mord und Krieg.

Ist das bewältigte Vergangenheit?
Wäre es nur wahr, und das Gespenst
des Glaubenskrieges schon gebannt,
dies Instrument politischer Strategen,
die Hysterien schüren und benutzen.
Es wechselt ständig nur die Kleider.

Der Durchmarsch auch der religiös
verbrämten Macht, er bestand
die Prüfung vor dem Volke nicht.
Der Ruf nach Würde und nach Leben
sah sich schnell getäuscht und von
eben erst Gewählten hintergangen.

Das traf erneut auf Widerstand.
Die Getäuschten standen auf und
forderten den Rücktritt des Regimes.
Es schlug die Stunde für die Generäle.
Arm in Arm mit Scheich und Pope
setzten sie auf Sicherheit statt Freiheit.

Nerven dich die immer neuen und
altbekannten Spiele um die Macht?
Wo ist da der Sinn verborgen? Wie
oft dreht es sich im Kreis? Wer gibt
den Menschen endlich und verlässlich
Antwort, die auch Hoffnung trägt?

Macht gegen Macht. Die Rechnung
ging nie auf. Religiöse Zinker, sie
legten Brände an die Gotteshäuser
und lockten wieder mit Versprechen,
selbstmörderische mordende Gewalt,
sie könne ihr Gespenst noch retten.

Was bleibt? Was bleibt als Hoffnung,
wo die Freiheitssehnsucht aufbricht
in den Völkern? Welche Antwort trägt?
Dass Menschenrechte und befreiter
Glaube das politische Kalkül in den
Spielen um die pure Macht begrenzen?

Menschenrechte zieren die Präambel
in fast jeder staatlichen Verfassung.
Die Wahrheit zeigt sich im Gebrauch.
Da beweist sich die politische Kultur.
Macht, die Gewalt zum Überleben
braucht, sie erfindet die Gespenster.

Was ist ein Glaube wert, der sich im
Kampf um Macht verhärtet und
total ins Machtkalkül verstrickt? Was
ist der Wert von Politik, die mit dem
Glauben spielt? Wo Despotie regiert,
ist Menschenwürde schon vergessen.

Ich blickte in betrogene Gesichter,
fand nicht den Glauben an die Macht,
die nur beherrschen will. Ich fand
Würde in den Augen von Muslimen,

Christen, Säkularen. Mut fand ich
ungebrochen für ein freies Leben.

Er vertreibt die Drohgespenster.
Ich wünsche denen, die dem Frühling
trauten, dass sie im Winter überstehen.
Auf den Straßen und auf Plätzen
tragen sie die Hoffnung weiter, in
der die Würde aus der Freiheit lebt.

(30) Ohne dich

Leben ohne dich scheint möglich.
Doch glaube ich, das ist nicht klug.
Dich den Köpfen zu entreißen,
zwingt das Herz auf deine Spur.
Dich verleugnen, hilft uns nicht.

Das hinzunehmen, fällt nicht leicht,
entzieht es doch dem Menschenbild,
das uns durch die Moderne treibt,
den Glauben an ein absolutes Gelten
der Vernunft im handelnden Subjekt.

Verführerisch ist das Verdikt, du
seist nichts als eine Projektion,
Selbstbestätigung im Spiegelbild.
Das aber sperrt uns trostlos ein.
Der Erlösung fehlt ihr letzter Grund.

Frei wähnt sich Glaube, du seist tot.
Nichts darf sein, das wir nicht greifen.

Der selbstgewisse Geist entledigt sich
der Transzendenz, damit er ungestört
in den eignen Kreisen operieren kann.

Lebenstüchtig mag des Menschen
Wille sein solange der Erfolg ihn trägt.
Versagt er, bleiben nur Zynismus und
das Selbstmitleid. Der Übermensch
umhalste traurig einen Droschkengaul.

Der Narziss, er sieht verzückt sein
Bild im Spiegel ohne einen Rahmen.
Und am Ende ist der Spiegel leer.
In die nackte Existenz geworfen,
stirbt Hoffnung auf Barmherzigkeit.

Oft rede ich mit Menschen, die fest
glauben, nicht an Gott zu glauben.
Doch traf ich keinen ohne Rest,
der der Gewissheit dieser stolzen
Selbstbehauptung heftig widerspricht.

Selten findet dieser Rest zu Worten,
falls, nur in der Sprache des Gebets,
das keinen Adressaten will und nennt.
Stammeln nebenher und vor sich hin,
voll Enttäuschung und voll Trauer.

Da spricht nicht Erlöstes, eingezwängt
von Soll und Haben, erdrückt, wo nur
das Funktionieren zählt. Ach, könnte
dieses Stammeln doch dein Ohr erreichen.
In sich trägt es unerhörten Glauben.

(31) Ökumene

Verschiedenheit versöhnt in Einheit,
Getrenntes in dir aufgehoben, das
soll begründen, worauf Ökumene ruht.

Als könnten wir mit einer Zauberformel
unsrer exklusiven Wirklichkeit noch
im Nachhinein ihr Gegenteil beweisen.

Dogmatisch fest geschmiedet drücken
Differenzen zwischen Konfessionen
auf das einigend geglaubte Fundament.

Mit Schutt bedeckt ist es aus Niederlagen
und triumphal geschmückt mit Siegen,
die durch deinen großen Namen glänzen.

Sorgsam gepflegt wird die Verwerfung.
Sie wiegt schwer. Profile des Bekennens,
sie erdrücken unser ökumenisches Profil.

Die Verschiedenheit ist deutlich sichtbar.
Versöhnung ist es offensichtlich nicht.
Auf Spaltungen, da trifft der erste Blick.

Kann ein zweiter Blick, wo das so streng
Geschiedene die Sicht auf dich verstellt,
wenigstens noch Reichtum anerkennen?

Warum darf sich nicht als geistlich reich
ansehen, was die Welt aus Eigensinn entfaltete,
wo die Geschichte Einheit auseinanderbrach?

Wer stiftet heute Koinonia, was stiftet den
Gemeinschaftssinn auf dieser einen Erde,
die allumfassend wir die Ökumene nennen?

Den Reichtum als Geschenk zu preisen,
gemeinsam ihn in seiner Vielfalt loben,
warum will und kann das nicht gelingen?

Als Inklusion tarnt sich die Exklusion.
Dem eigenen Bekenntnis treu, beansprucht
jeder Teil die eigne Wahrheit für das Ganze.
Die Konvivenz, sie kam dabei abhanden.

Wir wissen das sehr wohl und reden oft
von Buße und Vergebung. Doch wir
betrügen uns mit klugen in Jahrhunderten
gepflegten und gehegten Kommentaren.

Mag nicht ein dritter Blick noch
in der Vielfalt das Geheimnis
dieser Ökumene offenbaren, falls
auch geteiltes Beten dich erreicht,
trotz aller unsrer Vorbehalte?

Was wäre, zeigte in der Vielfalt
des Bekennens sich ein überreiches
Zeugnis unsres Glaubens, in der
Verschiedenheit sich das Geschenk,
dem sich die ganze Fülle unsres
Erdenlebens doch zuletzt verdankt?

Was wäre, wenn auch Glaube sich
als Vielfalt so bezeugte, pfingstlich

versöhnt im Chor der Zirruswolken,
wenn Vielfalt zu der Einsicht fände,
dass der Dienst an der Gemeinschaft
einer Erde aus der Exklusion befreit?

Gerechtigkeit, die du verspricht,
lebt aus Beziehungen zu andern,
traut auf gegenseitigen Respekt,
öffnet Räume der Verschiedenheit
zum Atmen und zum guten Leben.

Wir könnten
in der Vielfalt dich
erkennen, der Vielfalt,
die ja doch das Ganze ist,
erlöst aus eitlen Konkurrenzen,
die Glaube kontrollieren müssen,
um die eigne Wahrheit zu behaupten.

(32) Der Baum

Einst schien der Baum des Lebens
dank des Engels mit dem Schwert
unserm Zugriff strikt entzogen.

Hoch aufgerichtet, nicht zu
überwinden und mit strengem
Ernst, wachte er am Tor zum Garten.

Der Zutritt wurde uns verwehrt,
seit wir uns am Versuch verbissen,
Gut und Böse selbst zu scheiden.

Ein erster Schritt der Emanzipation
von dir, dem Gott, dem Patriarchen,
allmächtig, absolut und dominant.

Doch wir sind auf dem Weg,
und graben uns bis an die Wurzeln
dieses Baumes, der verboten ist.

Mühselig ist es in den Tunneln,
die wir in das Geheimnis treiben.
Und hoch gefährlich ist es auch.

In Laborversuchen wird gesichtet,
was uns bisher verborgen war.
Die DNA sei schon entschlüsselt.

Doch öffnete, bei Licht betrachtet,
sich nur ein Spalt von einer Tür der
vielen Türen, die verschlossen sind.

Patente werden doch verteilt, um
das Recht auf Eigentum zu sichern
an dem Baume, der uns nicht gehört.

Was wir finden, existierte längst vor
dem Entdecken. Nicht wir schufen es,
nicht mal das kleinste Stück davon.

Als Schmarotzer deiner Schöpfung
fühlen wir, im Schweiße unsres
Angesichtes, uns wie ihre Schöpfer.

Wir testen Reagenzien, selektieren
und klonieren und wir wählen aus,
was uns als lebenswert erscheint.

Als wüssten wir, was wir da tun,
operieren wir mit Chuzpe und Elan
an Wurzeln, die das Leben halten.

Risiken und Nebenwirkungen auf
eng bedruckten Beipackzetteln,
sie entscheiden über Tod und Leben.

Zwischen Leiden lindern, Krankheit
heilen und Genetic Park verläuft sich
manches im dem weiten Labyrinth.

Auf raschen Zugriff eingestellte
Hände vertrauen auf ein Wissen,
was nur wenig über Zukunft weiß.

Wer stoppt die aufgeregten Finger,
trennt das Gute von dem Bösen,
wo die Ethik im Profit verkommt?

Wer schützt Lebenswissenschaften
vor dem Wissen, das zum Selbstschutz
Menschen sich versagen müssen?

Wer warnt vor den Vogelhändlern,
die ein Risiko verkaufen, das sie nicht
beherrschen? Der alte Wächterengel?

Diese Fortschritt hemmende Legende?
Wacht der Engel noch, so steht er,
überlistet, leider an dem falschen Ort.

Fleißig in den Tunneln, fasziniert vom
Schneiden an den Wurzeln, entgeht uns,
wie des Baumes Krone schon verdorrt.

(33) Das Kreuz

Das Kreuz verehren kann ich nicht.
Es ist ein Marterinstrument mit
dubioser Interpretationsgeschichte.

Doch schmückt es Klassenzimmer,
Säle im Gericht und Kirchenräume,
edelsteinbesetzt auch Bischofsroben.

Ein Marterholz, ein Schandpfahl,
ein Relikt archaischer Justiz, um die
Häretiker und Diebe abzuschrecken.

Kreuze säumten die Paradestraßen,
aufgerichtet von Besatzern gegen jene,
die sich der Gewalt nicht beugten.

Dann zum Zwecke der Verehrung
umgedeutet, nach dem Triumphe
Konstantins zum Symbol des Sieges.

Auf der Brust der Kreuzzugsritter
zog es mit den Rächern Christi eine
Spur aus Blut durch die Geschichte.

Zu viele Täter feiern ihre Taten im
Zeichen des Triumphes der Gewalt.
Warum ist das verehrenswert?

Verzweifelt standen deine Jünger
vor dem Kreuz. Schuldlos hingst du an
dem Holz. Sie verspürten keinen Sieg.

Zu viele starben an den Kreuzen.
Zu Opferlämmern taufte man sie später.
Da triumphierten alte Mythen.

Sie machten stets die Schuld erträglich.
Sündenböcke trugen sie, aufs Kreuz
gepackt, in menschenleere Wüsten.

Kein Kreuz stärkt meinen Glauben.
Nur die Liebe, sie macht ihn gewiss.
Das Kreuz. Es ist Gewaltgeschichte.

Das Kreuz als Christi Siegeszeichen?
Der Sieg ist, dass es nicht besteht.
So kann ich trotz der Kreuze glauben.

(34) Die Bettlerin

Warum ging dieses Mal ich nicht
vorüber, an dieser alten Frau, die
bettelnd vor dem Kaufhaus saß,
aufgestellt vor sich den Becher,
in dem nur eine kleine Münze lag?

Ich hielt an und beugte mich zu ihr.
Sie sah auf, als habe sie gewusst,
dass ich es sei, der stehen bliebe,
als komme ihr das zu im Trubel,
der ohne Halten seiner Wege ging.

Kein Wort sprach sie. Sie wusste
alles, wollte mehr nicht wissen.
Als die Münze in den Becher fiel,
da nickte sie, nahm sie, und ließ
mich wortlos meiner Wege gehen.

Der Stachel wirkte und sitzt tief.
Ich fühlte mich ertappt, gewohnter
Sicherheit beraubt, des Abstands,
der Betroffenheit verdrängt und
dafür stets noch gute Gründe findet.

Ja, man kann es schöner reden,
von sozialer Spreizung sprechen,
muss es doch nicht Unrecht nennen,
wenn unbewusstes, stures Raffen
teilen in Gerechtigkeit verhindert.

Von sechs Menschen hungert einer
auf dieser profitabel ausgeraubten
Welt. Statistiken, sie reden deutlich,
schweigen nicht, doch sie sind kalt.
Denn sie verbergen die reale Not.

Wie nahe kommt uns Wirklichkeit
im Strom des Geldes, den wenige
sich auf die vollen Konten lenken?
Wie nahe sind uns stumme Blicke,
die von der Verzweiflung reden?

Gerechtigkeit? Es sagt sich leicht
dahin, geläufig in den Sonntagsreden,
die gekonnt die Not verschleiern.
Wer von gerechtem Teilen spricht,
hat schnell die Sympathie verspielt.

Hohn und Spott verzerren Mienen,
die mokiert den Ärger unterdrücken.
Zu wenig Zöllner steigen aus den
Zweigen. Teilen? Lästig ist das Wort.
Ja, die Verhältnisse, sie sind nicht so.

Ich weiß, sie waren es noch nie,
ausgemacht und festgeschrieben
zum Vorteil gut dotierter Profiteure.
Das noch für gottgewollt zu halten,
das ist Hohn und ehrt dich nicht.

Wie oft schon scheiterte Protest.
Wie oft vergebens fochten auf den

Barrikaden Menschen für ihr Brot.
Wie oft schon wurde es verweigert,
weil der Wille fehlte, es zu teilen.

Du zahltest deinen Leiharbeitern,
die am Abend eines Tages kamen,
den gleichen Lohn wie denen, die
am Morgen an die Arbeit gingen.
Sie murrten, hielten es für ungerecht.

Als Gleichnis gnädiger Verteilung
der Eintrittskarten in dein Reich,
so wird es predigend gepriesen.
Als Gleichnis für gerechtes Teilen
trifft es auf taub verstockte Ohren.

Dies Angebot lag nie im Trend.
Wer reich ist, pflegt die Theorie der
Brocken, die von den vollen Tischen
fallen, als Tripple Down Effekt, nur
Solidarität als Katastrophenhilfe.

Wäre es von dieser Welt, dein Reich,
und wäre unter uns und wirkte und
hätte Kraft genug, die Herzen und
die Hände zu gerechtem Teilen zu
bewegen, Murren wäre sein Begleiter.

Als ich das nächste Mal vorüberging,
sah ich an ihrem Platz die alte Frau
nicht mehr. Doch ich fühlte ihren
stummen Blick. Er traf noch stärker.
Und er lässt er mich nicht mehr los.

(35) Tierfabriken

Im Angesicht von Tierfabriken,
wo lebende Geschöpfe nur
zum Zweck gemästet werden,
sie massenweise abzuschlachten,
packt mich furchtbares Entsetzen.

Die Würde
deiner Schöpfung
im Akkord gekeult
fürs Barbecue.

Nein, Vegetarier bin ich nicht.
Jedoch, ich fühle heftig Zorn,
wo Lebendiges mit Vorsatz
auf dem Fließband sterben muss.

Nachschub rollt auf Autobahnen.
Eingepferchte Tiere werden
über Ländergrenzen transportiert.
Leiden wird in Kauf genommen,
um den Schlachterlohn zu drücken.

Gefrorenes fliegt um die Erde
auf seiner Spur nach lukrativen
Märkten, im Sog des schnellen
Geldes, das dies Schlachtfeld
den Betreibern reichlich offeriert.

Fast-Food und Burger, Wings und
Nuggets in recycelbaren Tüten.
Es dreht mir schier den Magen um.

Die es treiben und geschehen
lassen zum Billigstpreis mit
Höchstprofit und es ohne
Not verhindern könnten, sie
befördern den verrohten Geist.

Dann höre ich, das sei geboten im
Angesicht des Hungers auf der Welt.
Scheinheilig ist das Argument, auf
diese Art die Armut zu bekämpfen.

Geschwätz ist es und blanker Hohn.
Vernichtet werden die lokalen
Märkte, die Bauern in Ruin und Tod,
und Familien in die Slums getrieben.

Tiere als Objekt der Börse, zum
Spielball von Rendite degradiert.
Der Fleischkonsum, er ist gezüchtet
und wird als Wohltat propagiert.

Respekt vor deiner Schöpfung,
er misst sich an der Würde des
verletzlichen Geschöpfs. Doch
die massenhaft gequälte Kreatur
harrt ängstlich und vergeblich
auf Rettung aus den Tierfabriken.

(36) Natur

Darf Natur man heiligsprechen?
Da gilt doch grade Kampf und Trieb.
Doch halte ich es nicht mit denen,
die noch steif und fest behaupten,
überlebensfähig sei nur Starkes
und das Angepasste, das sich fügt.

Leben findet viele Wege, seine
wunderbare Vielfalt auszubilden,
auch Leben, das verletzlich ist.
Ich glaube fest, in ihm lebst du.
Das allzu Starke ist nicht heilig.
Das Verletzliche, es ist sakral.

Wo Starkes sich in Szene setzt,
stürzt es selber sich vom Thron.
Im Schwachen, da gedeiht die
Fülle deiner ganzen Schöpfung,
grad wo Verwundbares noch
auf fürsorgliches Handeln trifft.

Es ist die Zeit, den schwachen
Gott zu preisen, der zur tiefen
Ehrfurcht vor der Kreatur befreit.
Im Schwachen offenbaren sich
die Überlebenschancen. Sich das
eingestehen ist nicht opportun.

Schwaches hat zu wenig Raum.
Warum meinen wir, was stark ist

solle über Schwaches herrschen?
Was hilft es uns, dem Stärksten
auch noch Kronen aufzusetzen?
Ach, hätten die doch spitze Dornen.

Was hindert uns, Verletzlichem
Respekt zu zollen, was hindert,
dem Verwundbaren mit Würde
und in Achtung zu begegnen?
Was zwingt uns, deine Schöpfung
auf den Märkten feil zu bieten?

Natur zerstören, das lässt sich
vermeiden. Wann wird Rücksicht
endlich unsern Fortschritt prägen?
Mir fehlt die Antwort auf die Frage.
Spuren, die mich leiten, sie sind
auf halber Strecke schon verweht.

(37) Geschichte

Du bist der Gott in der Geschichte.
So wird es verkündigt und geglaubt.
Der Akteur am Grund des Seins,
nicht Beobachter, der sich enthält.

Handelnder, der klar Partei ergreift.
Der Gott, der als Befreier wirkt,
sogar die Streitmacht der Verfolger
in die Fluten kalten Wassers treibt.

Du seist der Gott der Schwachen,
der Mächtigen die Macht entzieht,
und derer, die an Kreuzen leiden,
und daran sogar hilflos selber stirbt.

Der Gott des Lebens und der Fülle,
der uns Fruchtbarkeit verspricht.
Der Rache auch, ja auch der Rache,
und einer nicht verdienten Gnade.

Der Herr der Herren und ihr Opfer.
Wo wirkst du in der Geschichte?
Wo dich suchen, wie dich finden?
Wer sich bemüht, ist schnell verwirrt.

Von aufbegehrenden Vulkanen,
die den Druck nicht länger halten,
vom Tsunami, der die Küsten überrollt,
Überflutung, nicht die Hoffnung bringt.

Ich suchte auf den Tahrirplätzen,
die sich mit Freiheitssehnsucht füllen,
und rede so zu dir, als solltest du
die Welt, die du doch schufst, erlösen.

Ich suche dich bei Börsenakrobaten,
die an den DAX und Derivate glauben,
und bei denen, die in deinem Namen
Bomben werfen und Raketen zünden.

Sogar im frommen Aberglauben
von hoch aufgetürmten Kathedralen,

in den Laboren, wo sie Gene züchten,
die von allen Übeln heilen sollen.

Wo bist du, Gott in der Geschichte?
Rhetorisch ist die Frage nicht.
Sie will Antwort und will Sinn,
der sich im bunten Allerlei verlor,
zerfloss so wie der Strom im Meer.

Womöglich ist die alte Frage
von Anfang an nur falsch gestellt.
Sie gibt vor, wir könnten mit dem
Bild, das wir von dir malen, das
uns Unfassbare fassen. So wirst du
zum Götzen. Die Frage aber bleibt.

Wie kann ich mit Gewissheit hoffen,
dass du die unverbundenen Fragmente
und Geschichten, die nie zueinander
finden, zu dem einen Sinn versöhnst?
Im Streite deiner Deuter wirst du in
das Wirrwarr der Interessen eingesperrt.

(38) Glück

Zwischen hochgelehrten Spezialisten
saß ich auf der Suche nach dem Glück.
Ich zweifelte und schien damit allein.
Der Forschungszweig hat Konjunktur.

Die Fröhlichkeit des Herzens
mit positivem Denken, Fühlen
und Verhalten aufzuladen,
gegen Stress und Depression
und Burnout in trüb getönten
Lebensängsten, das scheint
betriebswirtschaftlich förderlich.

Das koronare Risiko,
es treffe die zuerst,
die innerlich gehemmt,
und selbstgenügsam
konformistisch der
Askese sich ergeben.

Ist das nicht der Befund
für die mir protestantisch
anerzogene Bescheidenheit?

Die Versuchsanordnungen
versprechen wirklich viel.

Philosophie, Bedingungen
des Möglichen ergründend.
Psychologie, der Seele auf der Spur.
Neurowissen, das den
Strom im Hirn vermisst.
Humangenetik, Erbgut musternd.
Biologie, Ethologie, die
aus der menschlichen Natur
und aus Sitten und Gebräuchen
auf Verhalten schließen.

Soziologie, den Habitus
im kollektiven Umfeld sichtend.
Ökonomie, die Streben
nach dem Glück als eine
Triebkraft für Rendite schätzt.
Politologisch werden noch Interessen
und die Herrschaftsformen relevant.

Das Gen zum Glück, es
ist noch nicht entdeckt.
Doch ist empirisch
schon mal ausgemacht,
wo der Glückstransmitter
in den Köpfen steckt.
Das Hirn sorgt vorne links
für positive Emotion,
und vorne rechts für
negativ gepoltes Fühlen.

Es gibt das Glück per Zufall
und verdientes Lebensglück,
ein gefühltes Wohlbefinden
und die stets gespürte Sehnsucht
nach der Freiheit von dem Mangel.
Glück ist gutes Leben ohne Not.

Bestseller halten Rat parat,
verraten so auch nebenbei:
Schlecht steht es wohl um
das gefühlte Wohlbefinden.

Das Glück bei jenem Schaf
zu suchen, das verloren ging,

sich entfernte von den andern
neunundneunzig, abwegig
ist es, das zu denken. Auch
Unrecht, Lüge, böser Rede
widerstehen, dies alles fand ich
nicht in der Versuchsanordnung.

Fand nichts von dem Vergeben,
wo Beziehungen zerbrachen,
nichts davon, entgleisten
Söhnen zur Versöhnung gar
ein reiches Festmahl zu bereiten,
nichts von der schönen Perle,
die Freudentränen fließen lässt,
wenn der Blick, der lange suchte,
sie unverhofft ins Auge fasst.

Das Glück, so lernte ich, es
sei mit denen, die vorzugsweise
und geübt es dort nur suchen,
wo ihnen selbst ein Vorteil winkt.
Ich schaute rings in die Gesichter.
Die Fröhlichkeit des Herzens,
sie sah ich in den Augen nicht.

(39) Lebensfreude

Macht die Kritik am Gang der Welt
sie nur noch schlechter als sie ist?
Ja, bunt ist sie und schön und wirr
und immer äußerst brandgefährdet.

Bin ich verkrampft vor zu viel Sorge?
Werde ich der Wirklichkeit gerecht,
bin zu sensibel und zu schwach begabt,
das Gute in ihr einfach zu genießen?

Verstanden fühle ich mich nicht,
stünde unterm Strich bloß Eines:
Die Welt, sie sei im Grunde schlecht.
Nein, hypochondrisch bin ich nicht.

Was wäre das auch für ein Glaube,
der vor Übeln keine Hoffnung sieht?
Ich liebe diese Welt, in der ich lebe,
freue mich an der Natur und der Kultur.

An den Seen, Bergen und Gesteinen,
Pflanzen, Tieren und den Menschen,
Künsten, die den Geist erbauen, und
Werkzeugen, die lebensdienlich sind.

Ich freue mich an der Verantwortung
vor dir, wird sie im Alltag praktiziert.
Ich schätze, was zum Leben hilft und
was es freundlich angenehm gestaltet.

Doch die Freude trüben jene, die nur
auf Wegen vorwärts drängen, die den
eignen Vorteil noch befördern. Was sie
verkaufen, finde ich oft hohl und leer.

Perfekt ist nicht gleich gut. Auch lästig.
Nicht alle Effizienz ist richtig, oft auch
enttäuschend falsch. Die Profession
wird blind, wenn Kreatives sie erstickt.

Ich weiß um meine eignen Schwächen.
Und so mag ich die Menschenketten,
wo Hände ineinandergreifen, die dem
Eigennutz trotz Grün die Vorfahrt sperren.

Allein sich selbst genügen wollen, ist
nicht gut genug. Funktion, die nicht auf
Folgen sieht, sie macht mich stutzig.
Mich ärgert, drehe ich mich nur im Kreis.

Der gute Grund soll überzeugen, doch
nicht der Anspruch auf Gewohntes,
das ohne Grund sich weiterdrehen will
und fraglos nur der eignen Norm gehorcht.

Ich möchte keiner Botschaft glauben,
die nur den Regeln und den Instrumenten
dient, die zuerst zum Herrschen taugen
und noch die Logik des Profits bedienen.

Muss Reibung der Funktion sich fügen?
Lebensfreude bricht sich Bahn trotz der

Systeme, die konform den Takt angeben.
Freundliches wird offenbar im Wunder.

(40) Emmaus

Oft höre ich und immer öfter,
wer dich wahrhaft finden wolle,
müsse in sich selbst versinken
und die Welt um sich vergessen.

Was finde ich in meiner Wüste?
Ich schätze Exerzitien, Meditieren
und die Wohltat des vor lautem
Trubel so geschützten Glaubens.

Doch vergesse ich, dich bei
Anderen zu suchen, finde ich nur
noch mich selbst. Auf dem Weg zu
dir, muss ich mit Fremden reden.

Sie vom Glauben auszublenden,
das verrät das Wort, das in allen
sich verkörpert. Ich werde ich
im Gespräch mit Andern über dich.

Mit ihnen teile ich Geschichte.
Sie trägt tiefe Narben im Gesicht.
Doch wir atmen wieder auf,
erkennen wir uns auf dem Wege.

Auch da, wo Blitz und Donner
angstvoll die Gedanken fesseln,

den Horizont im Sturm verwischen
und die Herzen bang erschrecken.

Wirkt da, was vor dem Anfang ist,
bevor aus ihm Gestalt sich bildet.
Meine Wege ohne dich und andere
zu denken, es will mir nicht gelingen.

So stehe ich oft ahnungslos vor dir
und sehne mich nach einer großen
Liebe. Sie stirbt zu oft an Kreuzen,
bevor das neue Leben wieder siegt.

Auch Hoffnung stirbt, bleib ich mit
mir allein. Sie überlebt in anderen
und dir. Deine Wunder münden in
fünf Worte: Stehe auf und gehe hin.

(41) Kreise

Wer andere nur integrieren will,
schließt mit der Angst den Pakt.
Wie man sich gern selber gibt,
so sollen Andere sich verhalten.

Besonders die, die anders glauben,
so sie denn glauben, überhaupt.
Anders glauben, es bedroht zutiefst.

Der Kreis schließt ein, schließt aus.
Innen glaubt man, seinen Mittelpunkt
zu kennen. Doch der Ort ist ungewiss.

Die Angst entwickelt sich gefühlt,
wird Anderen nur Böses unterstellt
und die eigne Sicherheit verklärt.

Manisch auf den Rand fixiert, ist
nicht Konformes, das gewohnter
Ordnung sich entzieht, nur Gefahr.
.
Der Rand entscheidet über Akzeptanz
und Differenz, an Farben und Kultur,
nach Glauben, ethnisch und sozial.

Nur eine Frage zählt: Wer gehört
dazu? Die Antwort, sie trennt rigoros
die Menschen streng in Wir und Sie.

Lässt Trennendes sich überwinden
und zugleich das Eigene bewahren?
Gelingt dies nicht, schließt der Kreis
auch aus, was uns aus ihm befreit.

Du überschreitest Ränder unbesehen.
Andere fixieren, das gefällt dir nicht.
Zugewiesenes lässt du nicht gelten.
Was wir zerschneiden, willst du heil.

Die Kreise aufeinander zu beziehen,
sie öffnen, zueinander hin, erst das
entzieht der bloßen Angst die Macht.

Wer teil hat, muss sich nicht beweisen.
Anteil haben, das beschenkt. Angst
lähmt nur die Freiheit der Gedanken.

Unterscheiden kann verstehen helfen.
Doch ist das meist von relativem Sinn.
Wo es uns trennt, da wird im Andern
sogar noch deine Botschaft zur Gefahr.

(42) *Letzter Grund*

Würdest du mich fragen,
wie ich es buchstabiere,
dies Alphabet, das orientiert,
ich geriete schnell ins Stottern.

Die zehn Gebote, ja, sie sollen
gelten wie sie seit jeher galten.

Was gilt noch?

Die goldene der Regeln kennt fast
jeder Glaube. Doch kategorisch
festgestellt, hilft sie im Alltag wenig.
Im Zweifelsfalle bleibt sie allgemein.

Die Menschenrechte sollen gelten,
die Würde auch der Feinde achten.
Brüchig sind sie auf Konsens gebaut.
Gilt das Verfahren oder die Moral?

Verfasstes Recht? Zerrieben wird es
in den Zeiten subjektiver Deutung.
Unbändig ist das individuelle Wollen,
das ein gesetztes Recht bestreitet.

Was also zählt?

Dass ich im Reinen mit mir bin und
ohne Schuld vor eigenem Gewissen?
Wo beginnt das Recht der Andern,
verwirft es das, was ich empfinde?

Was macht Geltendes für Handeln
gültig im Kampfe divergierender
Interessen? In Konflikt und Konkurrenz
geworfen, siegen Vorteil und Gewalt.

Balancieren Einsicht und Verzicht
die Waage, die die letzten Güter wägt?
Hat Barmherzigkeit genug Gewicht?
Kann Erbarmen dauerhaft bestehen?

Glaubte ich, mit Sicherheit zu wissen,
woran praktisch ich mich halten soll,
was nützte die Gewissheit vor dem Berg,
der zu bewegen wäre, Not zu wenden?

So stehe ich und kann nicht anders.
Was schützt vor einem selbstgerechten
Wort, noch bekräftigt durch ein Amen?
Zuallerletzt bleibt nur: Gott, helfe mir!

(43) Terror

Wer Terror will, liebt dich
und seine Nächsten nicht.
Wer den Terror will, kann
wahrhaftig gar nichts lieben.

Könnten das nur die begreifen,
die das Napalm auf die Felder
und in grüne Wälder sprühten.

Könnten das nur die begreifen,
die bewohnte Häuser gezielt
zu Schutt und Asche bomben.

Könnten das nur die begreifen,
die mit Giftgas und mit Minen
rechtswidrig ihre Kriege führen.

Könnten das doch die begreifen,
die sich im Namen ihres Gottes
töten, um die Anderen zu treffen.

Könnten das nur die begreifen,
die Drohnen steuern und den Tod
auf die belebten Plätze lenken.

Es gibt kein Recht, den Knopf zu
drücken, nicht den am Gürtel um
den Leib, nicht den auf Laptops
in Containern von Befehlszentralen.

Selbstverteidigung, sie ist kein
Grund für Terror, noch gibt Recht
auf Widerstand dem Terror recht.
Terror hat kein Recht vor dir und
niemals recht vor der Geschichte.

Ob Widerstand, ob Staatsräson
die Knöpfe drückt,
das Wort dafür ist immer Mord.

Sie wissen es, es wissen alle, die
aus Willkür mit Kalkül Länder
überfallen und brutal zerstören,
und die, die den Befehlen folgen.
Sie sind Mörder und Verbrecher.

Nichts gibt solcher Willkür recht.
Nichts entschuldigt die Gewalt,
die sich an Menschenrecht vergeht.
Nie ist solches Handeln legitim.

Und alle wissen es, auch jene,
die versteckt in ihren Camps
mit Wasserschläuchen wüten
und foltern mit Elektroschocks.

Und jene, die mit Steinen töten,
enthaupten und verstümmeln und
mit Stöcken und mit Peitschen
die Not der Opfer noch verhöhnen.

Und jene, die Gewalt an Frauen
und an Kindern gar zur Ruhmestat

erklären, und von Potentaten dafür
auch noch freigesprochen werden.

In meinem Glauben findet sich kein
Grund, der Macht von Menschen
über Menschen das Recht auf Terror,
Missbrauch und auf Willkür zugesteht.

Gäbe es nur einen Grund, nur einen,
ich müsste mich doch fragen:
Warum nur soll ich zu dir reden,
ja, warum? Gott wäre tot, für immer.

(44) Halbe Wahrheit

Der Blick reicht bis zum Horizont.
Es ist begrenzt, was wir erkennen.
Vom All aus ist die Erde halb.
Das Auge sieht sie niemals ganz.

Was wir erkennen, ist Fragment.
Dem einen Teile scheint die Sonne.
Das andere, es liegt im Schatten,
bis es sich selbst zum Lichte dreht.

Im Licht erscheint es hell und gut.
Im Schatten wird es oft zur Hölle.
Nie fasst der Blick das Ganze ganz,
doch wähnt er, es zu überblicken.

Politik spielt Governance global,

als habe sie den Ball im Griff, als sei
das Spielfeld rundum ausgeleuchtet
vom grellen Flutlicht kontrolliert.

Widerstreitende Regime greifen in
supermächtig ausgelegtem Kampf,
nach dem, was sie fürs Ganze halten.
Global Governance, das ist ihr Wort.

Kleine Mächte fügen sich zumeist,
wo sich die allergrößten messen,
sich auf die besten Plätze drängen,
dass kein anderer die Sicht verstellt.

Dem Besseren, das sie versprechen,
ihm fehlt das Gute für das Ganze.
Sie hüten zuerst eigene Interessen.
Eine Menschheit? Einig ist sie nicht.

So kreisen wir in Licht und Schatten,
vom Sehen und Erblinden oft verwirrt.
Was ganz erscheint, ist es nur halb.
Wir aber glauben, unser Bild sei wahr.

(45) Vertrauen

Worauf dürfen wir vertrauen?
Auf Glaube, der uns von der Macht
erlöst? Wie aber soll das gehen?
Sind wir des guten Gottes sicher?

Auf die, die Leben mit uns teilen?
Geht das halbwegs gut, vielleicht.
Auf Augenhöhe zeigt der Blick,
ob Vertrauen auf Vertrauen trifft.

Auf die, die unser Denken lenken?
Was kennen wir von den Motiven,
Gedanken hinter schlanken Worten?
Sie fragen selten, was wir wollen.

Auf uns, die wir den Zweifel spüren,
ob dem Leben wir gewachsen sind?
Spürten wir den Zweifel nicht, wir
trieben hin, wohin die Welt uns treibt.

Wie können Andern wir vertrauen,
ohne dir zuerst die Ehre zu erweisen,
dem Anker, der dem Sturme trotzt, der
wüst uns durch die Wellen peitscht?

Gäb es keinen Glauben, der die eine
Hoffnung in sich trägt, wäre nicht ein
Geist, der Halt verspricht im Scheitern,
wir fänden keine Hand, in die wir fallen.

Glaube, der uns von uns selbst erlöst,
braucht Liebe, die Bedingungen nicht
kennt. Ich glaube, darin festgehalten
darf ich getröstet und getrost vertrauen.

(46) Der Kuss

Wann schon erlebte ich, dass der
Friede und Gerechtigkeit sich küssen?
Ereignet es sich doch, dann flüchtig.
Den Kuss verstört ein Widerspruch.

Angst, sie weicht nicht aus Augen,
wo pure Not zum Frieden zwingt.
Gerechtigkeit ist draußen vor. Krieg
und Kriegern ist Gerechtes fremd.

Die erbittert kämpfen, angstfrei zu
entwaffnen, das ist schwer genug.
Unterdrückt der Sieger die Besiegten,
bleibt Frieden brüchig wie das Rohr.

Der Kuss wird falsch, ging schon
die Würde im Gefecht verloren.
Als Zwang hat Frieden seinen Preis.
Der Schwache zahlt ihn an den Starken.

Gerechtigkeit kann auf Triumpf von
Waffen niemals bauen. Haben Sieger
je auf ihre Dominanz verzichtet?
Wer wird da wohl an Küsse denken?

Das schöne Bild vom Kuss, es ist zu
schön und übermalt nur das Dilemma:
Darf man Schwache Starken überlassen,
solang sie sich nicht wehren können?

Das Dilemma trägt viel Schuld in sich.
Schon viele sind daran verzweifelt. Auch
sie wurden schuldig, wo nur Gegenwehr
mit Waffen einen letzten Ausweg bot.

Ist Feindesliebe nicht gerecht? Als ein
Kontrapunkt erscheint das ungewiss.
Das Dilemma, es hängt dann an Kreuzen.
Zu teuer ist der Preis, sich aufzugeben.

Das Dilemma schreibt Geschichte.
Was rettet Leben, und was nicht?
Können wir da auf die Botschaft trauen,
dass ein Kuss uns aus der Schuld erlöst?

Trotz alledem und alledem, dieser Kuss
bewahrt uns eine paradoxe Hoffnung
auf den Menschen, der dem Mörder an
dem Kreuz noch das Paradies versprach.

(47) Kulisse

Der Bilderregen dieser Tage
aus Horror, Crime, Soap, Sex
und Comedy, er berauscht.
Die Parallelgesellschaft blüht.

Auf dem Markt spielt das
Gefühlte seine Show. Die
Maske ist schon das Gesicht.
Der Schein zitiert das Sein.

Virtuelle Artefakte stehen
zum Verkauf. Die Fiktion
geriert sich als real. Wahr ist
der Schatten an der Wand.

Nutzer klicken: Mir gefällt's.
Wahrhaftiges erstickt, wird
beliebig austauschbar im
Einerlei der Katastrophen.

Ein Casting blasser Larven,
hat den Schmetterling entpuppt.
Selig flattert er ins Licht, und
er verbrennt alsbald zu Staub.

Grinsend springt der Star durch
Feuerreifen. Killer tarnen sich
im Weltenbrand als Retter,
begeistert von den Fans bejubelt.

Die Welt, verzerrt in schnellen
Schnitten. Der Reiz betört.
Vom Spiel verzaubert, wirkt
der Stunt noch täuschend echt.

Im Reigen bunter Marionetten
mitgezogen, die aufgekratzt in
Serie tanzen, verblassen all die
Fäden, die uns mit sich ziehen.

(48) Das Böse

Wie kam das Böse in die Welt?
Weil wir das Gute sonst nicht sähen?
Harsche Dialektik der Erkenntnis,
die sich dem Sündenfall verdankt?

Im Schweiß des Angesichts nur Mühe?
Wo ist Hoffnung, die du uns versprichst?
Erlöst, das sind wir nicht, in der Dynamik
unsrer aufgeklärt geglaubten Welt gefangen.

Wären wir erlöst,
wir könnten offen
und barmherzig uns
in Liebe streiten.

Trösten Bilder und die Kreuze an
den Tempelwänden, der Sohn mit
Dornenkrone, Gott als Rauschebart?
Wir schauen und wir bleiben blind.

Ist Gutes tun vergebliches Bemühen?
Ist Gutes Böses, das wir lassen?
Hilft gegen Böses wütender Protest?
Ist das für unsern Glauben gut genug?

Kein Teufel hilft aus dieser Klemme,
nicht Mephisto, der es klug verspricht.
Sind wir Gefallene, die trotzig sich
am eignen Schopf nach oben ziehen?

Wir prüfen, was das lebensdienlich Gute
unterscheidet von dem Bösen. Doch ist
es selten von Bestand und Dauer, hält für
den Moment als schwacher Anhaltspunkt.

Gäbe es nicht Glaube, Hoffnung, Liebe
als Geschenk, das Leben zu entfalten,
Glaube, der aus Hoffnung lebt, und die
bedingungslose Liebe, wie nur könnten
Gutes wir trotz des Bösen uns bewahren?

(49) Jubeljahr

Nach neunundvierzig Jahren,
da werde laut das Horn geblasen,
dass die Schöpfung sich erhole
und alle zu dem Ihren kommen.
Erlassen werden Schulden. Und
Frieden blüht im Lande, in dem
die Menschen sicher wohnen.

Sieben Mal gelebte sieben Jahre,
ob sie gut gerieten oder schlecht,
verheißen uns ein Jubeljahr,
das von Gier und Schuld befreit.
Fröhlich stimmt des Hornes Ton
die Verdammten auf der Erde.
Statt Beherrschen nun Bewahren.

War dies der Plan, so wurde er
durchkreuzt. Geschichte, die die

Herrscher schrieben, sie gab ihn
an den Markt der Möglichkeiten.
Der beflügelte die Starken.
Ohnmächtig abgedrängt am Rand,
blieb den Schwachen ihr Protest.

Überhöre ich des Schofars Ruf
im lauten Lärm der vielen Hörner?
Trägt dieser Ruf bis heute noch
die alte Hoffnung auf Befreiung?
Wer zündet jetzt die Lampen an,
die die Umkehr dahin lenken, wo
Frieden mit Gerechtigkeit regiert?

Bricht das den Willen Mächtiger,
der Lebenssinn bewusst zerstört?
Wann siegt, was dem gerechten
Frieden dient? Wächst Würde, wo
das Widderhorn im Bombenhagel
von Despoten ungehört verhallt?
Es ist Zeit, davon zu dir zu reden.

Ich ersehne diesen klaren Klang,
der Menschen in die Freiheit ruft,
die Füße auf ein Land bewegt,
was sie noch nie betraten, weil es
wenige zu ihrem Vorteil nahmen,
es besetzten und es vorenthalten,
bis das gerechte Teilen sie belehrt.

Ruft uns der Geist des Hornes in
das lang ersehnte Freie? Dringt

er so überzeugend durch die Welt,
das absurd Verirrte aufzuheben?
Wann feiern wir das Freudenjahr,
in dem Menschen sicher wohnen,
frei von Schulden und der Schuld?

EBENFALLS BEI BOD ERSCHIENEN:

Fritz Erich Anhelm

DAS NARRENSCHIFF RELOADED

Rehburg-Loccum 2021
ISBN 9783753417042
174 Seiten, Broschur
Format: 14,8 x 21 cm
Print: 14,80 €
eBook: 4,99 €

1494 veröffentlichte Sebastian Brant „Das Narrenschiff". Eine Zeitenwende kündigte sich an. „Das Narrenschiff reloaded" nimmt diese Form des Narrenspiegels auf und füllt sie mit aktuellen Inhalten. Satirisch pointiert steuern 112 Kapitel aus geknittelten Versen mitten in Verhaltensweisen und heutige Problemlagen. Was ist nicht zukunftsfähig? Was soll Bestand haben? Friedlicheres Zusammenleben, gerechteres Teilen und Verantwortung für die Natur setzen Kontrapunkte zu Machtgehabe, Vorteilssucht und Ignoranz.